发现之旅栏目组 编著

远祖之谜

上海科学技术文献出版社
Shanghai Scientific and Technological Literature Press

图书在版编目（CIP）数据

远祖之谜 / 发现之旅栏目组编著 . —上海：上海科学技术文献出版社，2020
（考古发现之旅）
ISBN 978-7-5439-8015-0

Ⅰ.① 远… Ⅱ.① 发… Ⅲ.① 中国历史—通俗读物 Ⅳ.① K209

中国版本图书馆 CIP 数据核字（2019）第 288850 号

策划编辑：张　树
责任编辑：杨怡君　曹　惠
封面设计：合育文化

远 祖 之 谜
YUANZU ZHI MI
发现之旅栏目组　编著
出版发行：上海科学技术文献出版社
地　　址：上海市长乐路 746 号
邮政编码：200040
经　　销：全国新华书店
印　　刷：常熟市文化印刷有限公司
开　　本：720×1000　1/16
印　　张：12.75
字　　数：181 000
版　　次：2020 年 1 月第 1 版　2020 年 1 月第 1 次印刷
书　　号：ISBN 978-7-5439-8015-0
定　　价：55.00 元
http://www.sstlp.com

目　录

远祖之谜 / 1

食人族 / 30

史前盛宴 / 41

中国人来源之谜 / 50

伏羲东来 / 78

取食记 / 93

生涯记 / 101

筑屋记 / 111

锅碗记 / 119

巴人之谜 / 128

独目人 / 175

中原胡人 / 180

楼兰后人 / 191

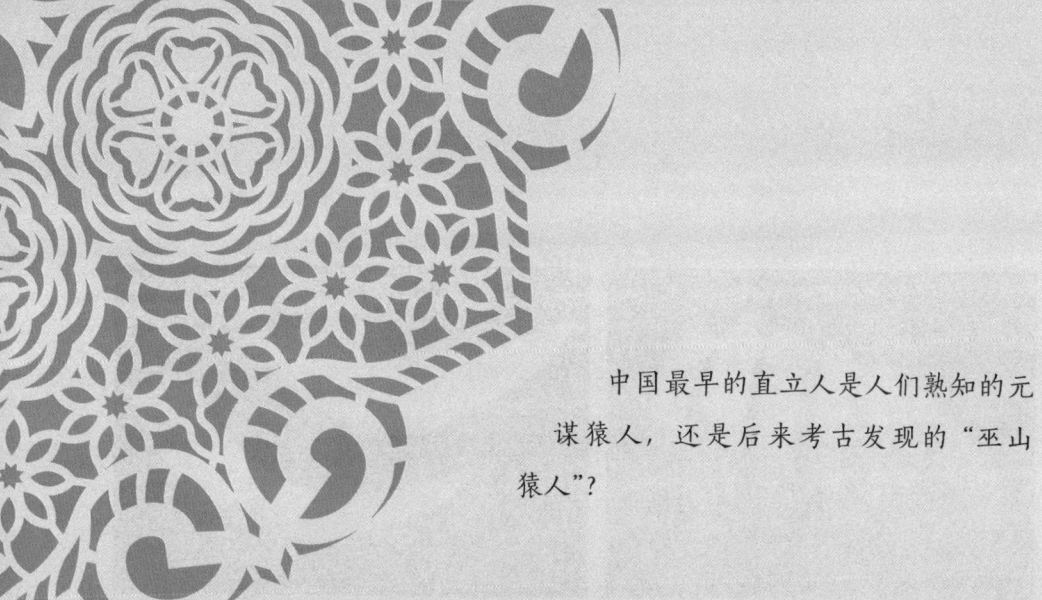

中国最早的直立人是人们熟知的元谋猿人，还是后来考古发现的"巫山猿人"？

远祖之谜

一、我们从何而来

1986年11月29日，中国山城重庆传出一条震惊世界的新闻：中国科学家在重庆巫山发现了距今200万年的猿人遗址！消息在世界考古界、学术界引起了极大兴趣和强烈反响，有些学者认为"这个新的发现将动摇人类演化的理论"。

"巫山猿人"究竟是猿还是人？它的生存年代如何界定？一时间，国际上知名的考古学家和古人类学家纷纷把关注和探究的目光，投向了中国的长江三峡。

地质学者认为，长江三峡雄奇秀美的地貌形成于大约50万年前。

在长江三峡腹地重庆市万州区，有一个名叫"盐井沟"的小山村。这个不起眼的小山村，早在20世纪20年代，就被写入西方经典古生物学的史册。那是一个关于美国人葛兰阶的故事。

葛兰阶，美国古生物学者。1921年，葛兰阶来到长江三峡。每到一个地方，他必定光顾中药铺，寻找一种叫"龙骨"的中药材。他听说盐井沟盛产"龙骨"，便翻山越岭来到盐井沟，雇用当地农民挖来大量"龙骨"。他拿起这

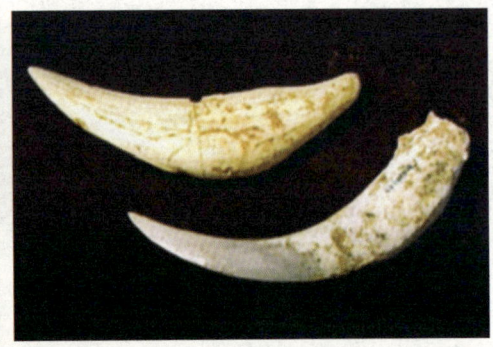

▲ 长江三峡出土的各种"龙骨"

些"龙骨"用舌头舔舔，说，是"龙骨"，它还黏舌头呢！

让这个远道而来的西方人如此痴迷的"龙骨"，究竟是什么呢？

邓涛（古生物学博士）说："'龙骨'主要是指哺乳动物的化石，比如马、老虎、狮子的骨头化石，中国民间把它叫作'龙骨'。"

哺乳动物的骨骼经过千万年的石化作用后，钙质含量多，吸水性很强，与舌头接触易于黏着。而假化石或尚未石化的骨头，则不具备这样的特性。所以，有经验的古生物学家往往用舌舔的方式来鉴别化石的真假。

5年后，葛兰阶从盐井沟带走了大约5000千克"龙骨"，辗转运到美国，进行修复、鉴定和初步研究。1953年，由他人写成了最终的研究报告《中国四川石灰岩裂隙中更新世哺乳动物》发表，在国际产生了较大的影响。

邓涛说："'龙骨'这种化石，在中国北方的土状堆积里，或在中国南方的洞穴堆积里常有发现。人们把'龙骨'作为一味中药。"

> **更新世**：处于第四纪，距今约1万—260万年前。更新世冰川作用活跃，显著特征为气候变冷、有冰期与间冰期的明显交替。这一时期绝大多数动、植物属种与现代物种相似。生物界最显著和重要的事件是包括人类在内的哺乳动物的繁盛。旧石器时代也大体上在这时结束。

据明朝医学家李时珍的《本草纲目》记载，龙骨具有镇惊、滋阴和养血敛阴等功效。内服可治惊风抽搐、健忘、腹泻等病，外用则治各种外伤出血、溃疡不愈等病。

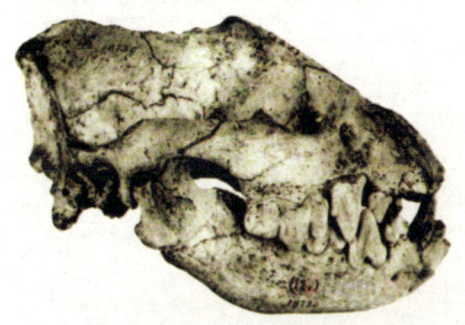

▲ 美国纽约自然博物馆收藏的葛兰阶当年带回的中国"龙骨"标本

葛兰阶离开盐井沟40多年后,"龙骨"又一次成为人们大规模搜寻的目标。然而,这次搜寻的地点是在长江三峡比盐井沟更隐秘的群山深处,主角是当地土生土长的一位赤脚医生。

重庆市巫山县庙宇镇龙坪村,坐落在长江巫峡南岸,一个恰好位于北纬30度的小山村,它距长江边50千米,海拔800米左右。

牟之富是龙坪村的村民,是当地的一名赤脚医生。20世纪60年代末的一天,正在山坡上采药的他,偶然捡到一根"骨头"。他认出这正是中药"龙骨"。

牟之富(村民)说:"'土龙骨',是一种药材,收购价一斤(500克)0.18元。我就和生产队长龙世珍一起挖,一天挖出几千千克。"

龙世珍(村民)称,那一次我们卖了150多千克,光牙齿"龙骨"就卖了36千克。

山上的石头能卖钱的消息一经传开,村民们纷纷涌向附近的山坡,不分昼夜地抢挖"龙骨"。

挖掘持续了一个多月,数万千克"龙骨"被卖给了当地和附近湖北省的供销社或中药铺。

龙坪村这么多的"龙骨",和当年美国

▲ 各种"龙骨"

人葛兰阶带走的那些"龙骨"有什么关系？这些"龙骨"究竟是什么动物的骨骼化石？它们又具有什么样的价值呢？这一系列问题又把一些陌生人引进了长江三峡的大山深处。

1984年一个炎热的夏天，一群陌生人来到了龙坪村。

这一行人是由中国科学院古脊椎动物与古人类研究所和重庆自然博物馆组成的联合考古队，领队的人名叫黄万波。

> **黄万波：**中国科学院古脊椎动物与古人类所研究员，"巫山人""蓝田人""和县人"的发现者。1984年与两位外国人类学家联名提出现代人起源的多地区进化说，主张现今的四大人种分别起源于中国、非洲等四个地区，并在各自的地区相对独立地连续进化，互相间有一定程度的基因交流，使得全人类发展成一个多型种——智人。

黄万波（中国科学院古脊椎动物与古人类研究所研究员）说："来巫山之前，我在一篇文章上了解到，在湖北省建始县高坪龙骨洞曾经发现巨猿的牙齿和猿人的牙齿。高坪和巫山是一山之隔，一个在南坡，一个在北坡，南坡有巨猿化石，北坡会不会同样能够找到远古人类的踪迹呢？1984年，我们到了巫山，县文化局吴局长跟我们说，要找龙骨，江南有个'龙洞'，你们到那里去看看。"

黄万波曾先后参与陕西蓝田直立人、安徽和县直立人、重庆奉节智人、广西麒麟山智人、陕西长武智人等重大考古发现。

> **巨猿：**已灭绝的一属猿，生存于距今约30万—100万年前的中国、印度及越南，与几种人科在时间框及地理位置上相同，站立时高达3米，体重约500千克，很可能是世界上最大的猿。巨猿不能算作人类。

在当地人的指点下，考古队来到了位于龙坪村半山腰上一个被称为"龙洞"的古老洞穴。

这个地形地貌特别的"龙洞"吸引了考古队，黄万波曾经钻过近2000个溶洞，根据他的经验，在这个"龙洞"中很有可能发现古人类的遗迹。

黄万波说："看到洞里有很多堆积物，的确有猪、鹿、羊等动物的骨头。但都没有石化，而是现生种，时代相当晚。"

幽深的"龙洞"没有给黄万波和考古队带来喜出望外的收获，洞口看热闹的人群却引来了曾发现"龙骨"的赤脚医生牟之富。

▲ 龙骨坡遗址

▲ 龙骨坡遗址外景

▲ 龙骨坡出土的"龙骨"和"龙齿"

牟之富说："我告诉他们，'土龙骨'你们看到过没有？我看到过的。"

在牟之富的带领下，黄万波和考古队员们来到了当年村民们抢挖龙骨的一处山坡。当随处可见的灰白色化石骨渣出现在考古队员眼前时，大家都被"震"住了：这正是他们四处寻觅的"龙骨"！

黄万波说："我们随便就拣了一大把，里面有剑齿象的，乳齿象的，还有鬣狗的骨化石，都是时代很古老的早已灭绝的种。他们既然挖出来卖给了供销社，现在供销社会不会还保存一部分呢？我们第二天到了供销社，一位主任拿出来一大筐。我一看里面全是化石，保存得非常完好。有象牙的、鬣狗下颌骨的，还有羚羊骨的。1985年，我们正式发掘，发现的化石越来越多，后来就把这个点叫作'龙骨坡'。"

当黄万波和考古队员们来到龙骨坡时，他们没有料想到，一场绵延20余年，震惊世界的考古发现正在拉开序幕。

龙骨坡，这个位于三峡腹地的小山坡，从此被写入人类起源的历史。

1985年2月，黄万波写了一篇题为《三峡地区可能揭开早期人类活动的奥秘》的文章，发表在《四川文物》杂志上，引起了四川省文化厅和文博部门的重视。

1985年10月2日，由中国科学院古脊椎动物与古人类研究所、重庆市自然博物馆、万县区博物馆和巫山县文物管理所组成的长江三峡考古队，展开对龙骨坡的第一期发掘，队长由黄万波担任。

龙骨坡的表面并没有什么特别之处，然而，在它西面山坡上的一尊高高的岩崖，竟然惟妙惟肖地显现出一个猿人头像。

▲ 酷似猿人头像的岩崖，似乎昭示着这里掩藏的秘密

1985年10月13日上午，考古队员们照常发掘作业。工间休息时，大家对化石进行初步鉴定和分类。突然，一颗比蚕豆粒稍大的动物牙齿，引起了黄万波的注意：它粗看像猪牙，但咀嚼面上的齿尖、脊纹和牙表面的生长线又与猪牙不同，从釉质和釉面来看，这颗牙齿应该属于灵长类动物的。

经过大家仔细辨认，它正是一颗巨猿的牙齿！这个发现令考古队员们激动不已。

▲ 出土的巨猿的牙齿

黄万波说："这个发现标志着巨猿的分布已经从湖北建始到了长江边，巨猿和猿人是可以生活在同一个生态圈里的，那么，龙骨坡会不会像湖北建始的龙骨洞一样，也发现猿人的化石呢？"

巨猿是一种半直立的大型灵长类动物，在动物演化谱系上归属于人科，它的生存年代几乎与猿人为同一时期。

1970年，考古学者在与龙骨坡仅一山之隔的湖北建始龙骨洞，发现了距今190万年的巨猿化石和同时期的猿人化石。龙骨坡和龙骨洞相距不远，地质状况十分相近，湖北建始龙骨洞的惊人发现，会在重庆巫山龙骨坡再现吗？

考古队员们兴奋地憧憬着。

发现巨猿牙齿的10月13日下午1点半，没有午休的黄万波早早地来到了发掘现场。

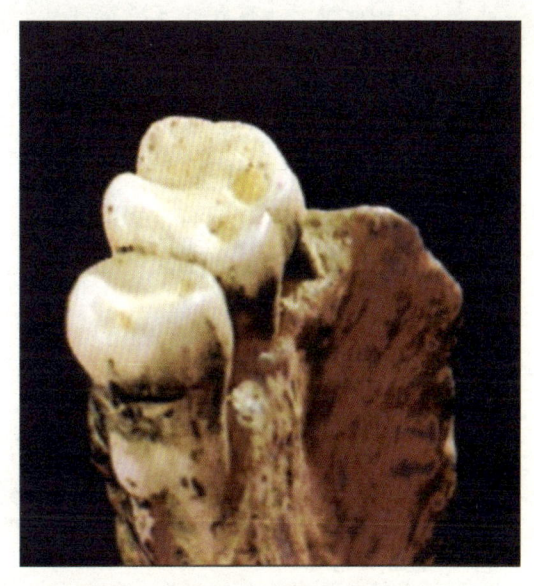
▲ 这两颗灵长类牙齿化石是这期挖掘中最重要的发现

黄万波："我有个习惯，每天工休时都到每一个方格里面，在民工挖出来的化石里挑选。在第8水平层的一个方格里，我挑出一块骨头。一看，哎哟，像个动物下颌骨！用剔针轻轻地剔去沾在上面的泥土，牙面全露出来了。毫无疑问，它像是灵长类的一块骨头。我心情很激动，赶紧用水慢慢地把牙面冲洗干净，最后确认是一段灵长类的左下颌骨，上面还有两颗牙齿（图中这两颗灵长类牙齿化石是这期挖掘中最重要的发现）！"

接二连三的惊喜令考古队员们的心情彻夜难平。他们团团围坐在一起，研究着刚刚发现的下颌骨：从牙齿和牙床的形态特征看，它与北京猿人女性非常相近。由此判定：它的主人应该是人类。从牙面的磨蚀程度看，这是一个老年女性！

这位老年女性后来被命名为"巫山老母"。

1986年10月，考古队再次走进龙骨坡，这次发掘得到了国家自然科学基金的资助。

黄万波随队再次来到已经非常熟悉的龙骨坡，多年的考古生涯和多次重大考古发现的经历告诉他，考古工作既需要耐心和细心，同时，也似乎有一些撞大运的成分。

考古队员杨兴隆就曾开玩笑地说，黄万波参与过那么多重要的考古发现，是因为他的运气特别好。

这次好运又会给黄万波和他的考古队带来什么样的收获呢？

1986年10月24日，和1年前发现"巫山老母"一样，在午休后不久的下午1点半左右，青年民工龙文才在第7水平层E9探方内，挖出了一块很小的化石。他摆弄了一阵，递给了重庆市自然博物馆的研究员杨兴隆。

杨兴隆（重庆市自然博物馆研究员）说："他交给我，问这是个什么东西？我一看，它就是一颗人类牙齿的化石。我的心怦怦直跳，我把牙齿装进一个火柴盒，放进我上衣兜里，继续工作。直到晚上收工，在路上碰到考古队的科学院研究灵长类的一个女同志，才拿出来给她看。"

顾玉珉（中国科学院古脊椎动物与古人类研究所研究员）说："杨兴隆把

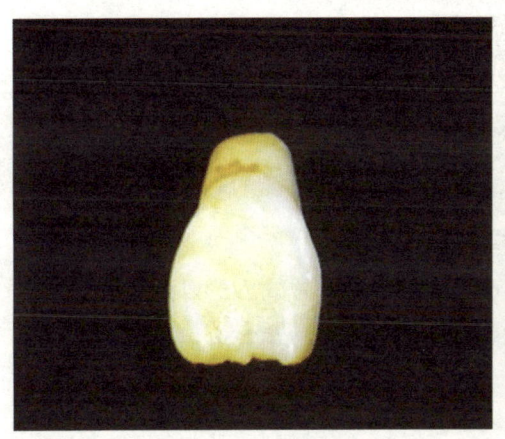
▲ "巫山少女"的牙齿化石

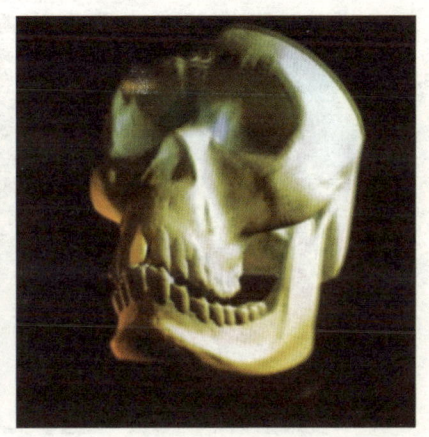
▲ 这颗"巫山少女"牙齿在牙床上的位置

那枚牙拿给我,我一看,这可是个好东西啊,是个人牙!它的咬合面有些乳凸起,没有磨损。按照出牙顺序推测,这个人也就是七八岁。比对结果,它跟北京猿人女性的大小接近,估计也是个女性。"

晚上,几位专家围坐在一起,对刚发现的这枚牙齿进行讨论,初步确定:这枚牙齿为人类的上内侧门齿,并根据它的磨蚀程度和形态特征,判定它是一颗少女牙齿,科学家们将它命名为"巫山少女"。

沧海桑田,千百万年的岁月流转让长江流域发生了天翻地覆的变化,数不清的生灵毁灭,无数物种消亡。然而,这几颗牙齿却奇迹般地穿越时空,留存了下来。它们的发现,似乎可以为我们描绘出远古人类的模糊面影。

根据1985年10月所发现的下颌骨和1986年10月发现的上内侧门齿两件人类化石,考古学者初步确认,它们应属于一老一少两个女性猿人,并暂且称她们为"巫山猿人"。

在中国的不同区域,考古学家们曾发现多处早期人类的遗址。

贾兰坡: 著名的旧石器考古学家、古人类学家、第四纪地质学家,北京猿人的发现者。他是一位没有大学文凭却攀登上了科学殿堂顶端的传奇式人物。继裴文中1929年发现第一个头盖骨之后,他在1936年11月连续发现3具"北京猿人"头盖骨,震惊了国际学术界,由此登上了最高学术殿堂。

▲ 考古学家们在继续探寻中国人远祖之谜

20世纪30年代，在北京周口店猿人遗址的发掘现场，杨钟健、裴文中、贾兰坡等中外考古学者，发现了北京猿人。北京猿人生活在距今50万年前。

当时的人们以为，这就是中国人乃至东亚人最早的祖先。然而，这些大名鼎鼎的考古学者们却未曾料到，几十年后，在长江流域的巫山龙骨坡，又有了一个震惊世界的大发现。

随着蓝田猿人、元谋猿人、建始猿人、南京猿人以及和县猿人的不断发现，人们开始认识到，在中华大地，人类的历史比我们原先想象的要古远得多。

"北京猿人"的发现者之一、著名古人类学家裴文中曾在20世纪70年代预言："我们现称北京猿人为我们的老祖宗，但北京猿人的老祖宗又在哪里？我觉得根据湖北省的情况来看，应该到长江三峡一带找，将来很可能在这一带找到北京猿人的老祖宗。"

龙骨坡的考古发现，印证了裴文中的预言。

可是，"巫山猿人"的生活年代究竟是什么时候？仅凭这3件牙齿化石就能证明他们是人类的祖先吗？科学家们该如何判定？

二、唤醒"巫山猿人"

1986年11月29日，长江三峡科学考察队正式向世界公布考察结果：在长江三峡的巫山龙骨坡发现了距今约180万年的古人类——"巫山猿人"的化石。但随即，人们也产生了各种疑问……

曾参与蓝田猿人、和县猿人等重大考古发现的考古学家黄万波，刚刚过完54岁生日，又带着兴奋不已的心情参加了一个在重庆举行的新闻发布会。

由黄万波担任队长，中国科学院古脊椎动物与古人类研究所、重庆自然博物馆、巫山县文物管理所组成的长江三峡科学考察队向世界公布：在长江三峡的巫山龙骨坡，发现距今约180万年的古人类——"巫山猿人"化石。

这一重大考古发现的消息，立即在世界学术界、考古界引起了强烈震动。

但各种疑问也随之产生："巫山猿人"的生存年代是如何确定的？是否具有足够的科学依据？它究竟是猿还是人？

科学探索需要大胆猜想，更需要严谨求证。考古学根据化石出土的地层状况的分析，可以对化石做出相对年代的推断。

黄万波说："我们把龙骨坡的地层分为上中下三层，上层是角砾层；中层是文化层，巫山猿人就是在这一层里面；底下一层是洞穴底部一种地下湖或地下潭的黏土。我们从地层的情况和年代判断，巫山猿人生活在距今148万—204万年前。"

然而，仅靠地层分析是不够的，必须获得科学试验数据，才能对"巫山猿人"生活的年代做出较为准确的判断。

1991年，中科院先后对"巫山猿人"出土地点的测年取样，进行了孢粉分析、古地磁实验和氨基酸测定。

黄万波说："据古地磁测定，第8层时间为204万年。"

这个测年结果很快发表在《巫山猿人遗址》一书中，马上引起西方学者的关注。

美国依阿华大学古人类学者石汉对中国科学院的测年结果表示怀疑。对

> **文化层**：指古代遗址中由于古代人类活动而留下来的痕迹、遗物和有机物所形成的堆积层。文化层的叠压关系可分为叠压、打破、共存三种。叠压关系是最基本的地层分布；打破关系指晚期人类活动破坏了早期人类活动的地层上的遗迹遗址；共存关系则是指同一时期、地域，处在同一文化层上各个遗址、遗迹的关系。
>
> **古地磁年龄测定**：对岩石的化石磁性研究，提供测定岩石年龄的手段。研究表明，有些岩石的磁化方向与它上下相邻的岩石恰好相反，极性的这种差异是由于地球磁场自身在过去曾有反转。所有晚于69万年的岩石标本都是正极性，而在69万—89万年间的则是反极性。

远祖之谜

▲ 石汉在研究龙骨坡遗存

电子自旋共振测年法：1976 年首次将该技术用于地质样品的断代。与其他测年法相比，这种方法有测年范围广、测定对象广泛、测试条件简单对样品不存在损伤等优点。

此，黄万波坦然地邀请石汉亲自去龙骨坡取样，带回美国进行测定。

1992 年 4 月，石汉走进龙骨坡，从这里的第 5 水平层采集了小种大熊猫、乳齿象和巨羊等哺乳类动物化石样品，带回美国，用更为先进的测年法，测定出这些化石的年代已经超出 100 万年，而处于第 8 水平层的巫山猿人化石，年代应该更为久远。1993 年 12 月，石汉向世界宣布了他们的测定结果。

为进一步论证巫山猿人的年代，1995 年，北京大学考古系测年研究室的陈铁梅教授，用电子自旋共振法对化石进行了测试。

尹功明（专家）说："陈铁梅教授跟加拿大马克马斯特大学杰克林克教授，他们将第 5 层里的牙齿化石做了电子自旋共振测年，结果是不年轻于 110 万—130 万年。第 3 层到第 5 层不年轻于 120 万年，巫山人化石在第 8 层，它的年代就应该比这个更早。所以我们得出第 8 层的年代是距今 200 万年左右。"

陈铁梅（专家）说："这是我国目前所知道的最早的古人类化石地点。"

1995 年，石汉与中国考古学者联合撰写的论文《亚洲的早期人类及人工制品》，在英国权威考古类杂志《自然》上发表。文章提出，"巫山猿人"的年代比中国已报道的人类化石都早。在人类化石特征上，与亚洲猿人很少有共同之处，而与东非人属中最早的种相似。

中外学者对龙骨坡堆积地层的测年结果，逐渐消除了人们对"巫山猿人"年代的疑虑。但它们究竟是猿还是人？由于化石材料稀少，并且缺少头骨，所以它们的身份依然显得颇为神秘。

中外考古学界不免发出质疑：仅凭一段下颌骨和3颗牙齿的化石，就能够证明它是远古人类祖先的遗骨吗？

吴新智（中科院院士）说："我认为它不是猿人，而是一种古猿。"

杨兴隆（研究员）说："古猿不能制造工具，只有人才能制造工具，这是世界公认的。"

要解决是人是猿的问题，只有两个途径：一是寻找头盖骨，通过脑量的测定来分辨；二是在出土牙齿化石的地层中寻找有人工打制痕迹的石具。专家们在龙骨坡能找到头盖骨或石器吗？

▲ 南方古猿

据科学测定，现代人的脑量平均约为1350毫升，从猿到人的逐渐进化也是脑量不断增加的过程。已经会用双脚行走的南方古猿纤细型已经拥有了500毫升左右的脑量，比现代黑猩猩的还多100毫升。

考古学证据表明，200万年前被称为"能人"的人类祖先的脑量约为700毫升。

> **能人：**是灵长目动物里第一种被认为属于人类的生物，是人科人属中的一个种。能人化石最早是1960年在坦桑尼亚奥杜瓦伊峡谷，生存在大约180万年前，是介于南方古猿和猿人的中间类型。能人的形态特征高度不过144厘米，手骨和足骨比现代人粗壮，脑容量大约为680毫升。

如果能在巫山的考古发掘中发现头盖骨化石，就可以根据头盖骨的大小比较准确地判定出它是人还是猿。可是在龙骨坡的几次发掘中，并没有发现头盖骨或人体躯干的其他骨骼化石。

为什么牙齿化石比其他骨骼化石更容易发现呢？

黄万波称，哺乳动物除牙齿外，其他骨头不容易保存下来，容易被风化掉。因为骨头主要以钙质为主体，而牙齿外面有一层珐琅质，硬度比较强，不容易风化。

20世纪60年代末，龙坪村村民纷纷到龙骨坡抢挖龙骨，在盲目无序地挖

▲ 克拉克教授在研究龙骨坡出土的石制品

掘中,会不会已经将猿人的头骨毁坏了呢?那些当年抢挖龙骨的人们,又是否见到过类似头盖骨的化石呢?

龙世珍(村民)回忆:"那时一锄头挖下去又撬起来,就是有,也被挖烂了。"

在村民们模糊的记忆中,似乎有一些人体骨骼和头盖骨的影子。可那到底是不是"巫山猿人"的头盖骨,已经谁也说不清了。

没有发现头盖骨,区别人、猿的标准只剩下一个"工具"了。200万年前的工具只能是有人工打制痕迹的石器。

侯亚梅(旧石器考古学家)称,石器,是最容易保存下来的人类遗物。

重庆巫山"龙骨坡",从1985年至1988年,经过连续4个秋冬的考察发掘,除发现各类动物化石,有关人类活动证据的工具仍然显得稀少。只发现2件具有疤痕的神秘石块:一件是石英岩质的"砸击石锤",另一件是火山岩的"凸刃砍砸器"。

这些看起来粗糙而原始的普通石块,是否就是200万年前"巫山猿人"所使用的工具呢?

侯亚梅说:"我们在这块石头上,发现了一些固定的打片痕迹。"

黄万波称,当时世界知名的旧石器考古学家、伯克利大学克拉克教授,正好在我们研究所访问,我就拿这两件标本请克拉克看。他看后很兴奋,说这绝对是石器。告诉我,这是目前中国发现的最古老的石器。

然而,并非所有专家都认同这两件石器是人类加工的产物。

有部分专家怀疑的焦点,并不在于石器本身的认定,而是认为,作为一个有

▲ 凸刃砍砸器

▲ 砸击石锤

▲ 龙骨坡出土的砍砸器、薄刃斧和石片

▲ 石灰岩石器

着200万年的古人类遗址,为什么经过4年的发掘,仅仅发现了2件石器呢?

由于龙骨坡出土的石器数量稀少,在定量和定性分析上都有很大的局限性,这引起了黄万波和同事们的反思。

侯亚梅说:"在我们过去的研究中,都认为石灰岩是不太可能被用来做石器的,因为它的硬度不够。"

黄万波说:"由于受这种思想的局限,第一次发掘我们只找到2件石器。"

传统观点认为,远古人类打造的石器大多采用坚硬的砾石或石英石和火山岩。过去考古,出土的石器绝大多数是坚硬的砾石。而龙骨坡的石料却属于质地较软的石灰岩。

吕尊谔(专家)说:"其实,石灰岩也可以作石器。周口店猿人遗址也出土过石灰岩石器,国外也有好多地方出土的石器是用石灰岩做原料的。"

为消除学界的疑虑,也为了让"巫山猿人"的各项结论具有更严谨的科学依据,黄万波他们决定重返龙骨坡,继续寻找更充分的证据。

1997年金秋十月,联合考古队再度来到曾令他们惊喜连连的龙骨坡。这一次,他们把发掘重点锁定在曾经出土2件石器的地方,而且明确:无论是怎么样的石料,只要表面带有疤痕的就全部收集起来。

黄万波说："在1997年至1999年的3年发掘当中，我们发现了几十块以石灰岩为原料的非常漂亮的石制品。"

中国科学院院士、"北京猿人"发现者之一的贾兰坡教授，也对龙骨坡出土的石制品进行了认真的研究，确认是人工打制的石器。

法国科学院院士伊夫·柯庞教授是一位著名考古学家，曾于1959年在坦桑尼亚奥杜韦峡谷参加过"东非人"的考古发掘，龙骨坡出土的石制品让他十分惊讶。

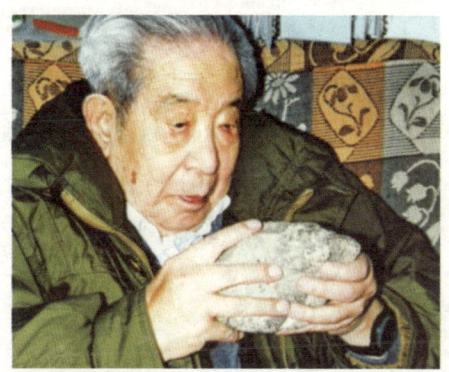
▲ 中国科学院院士贾兰坡教授对龙骨坡出土的石制品予以认定

伊夫·柯庞（法国著名考古学家）回忆道："在北京，我有幸在黄教授的办公室里看到龙骨坡发掘出来的石器，我一看，就断定它们是经过人打制过的石器，是属于史前的石器。"

中外专家对龙骨坡石器做出了基本认定。

但也有专家质疑，既然是打制石器，在找到石器的同时，为什么没有发现石器制造过程中敲打下来的石片呢？

1998年10月的一天，考古队员们继续在龙骨坡搜寻。

突然，一段断裂的动物肢骨化石进入了考察队员的视线。

徐自强（教授）称，那段肢骨化石一头有断裂的痕迹，刃口很锋利，没有被搬迁磨损的痕迹。我们分析，断裂的另外一段可能就在这个面积里。于是，我们继续在那一方里面扩大发掘。结果又发现另一段。两段拿着一对，完全严丝合缝。

这段麂子掌骨被砸断，究竟是自然力量，还是人为因素呢？从骨节的

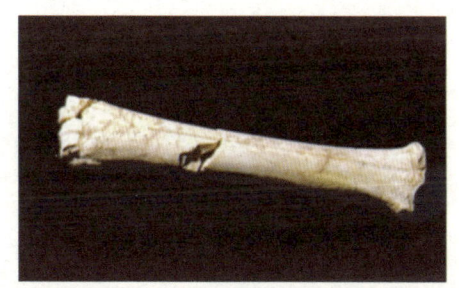
▲ 这段肢骨化石的断痕明显为外力造成

断面来看，断口清晰，没有磨损的痕迹，像是就地砸断，就地埋藏的。

在骨头周围发现的石制品似乎更显示出人为因素的可能性。

吕尊谔表示，只要骨头上有砍砸的痕迹，都是人为的。

侯亚梅表示，这些骨头上切割的痕迹，确实是用龙骨坡的石灰岩为原料打制出来的工具砍砸而产生的。

徐自强（教授）说："我们分析，这两段骨头，就是当时的人敲断了吸髓，随便一扔一踩，后来土就把它覆盖上了。"

龙骨坡石器与东非大裂谷出土的相同年代石器，具有不同的特征。考古学者认为，它呈现出的是代表混沌初开的石器工具与文化，即"龙骨坡文化"。美国《科学新闻》杂志称："中国巫山龙骨坡的这个新发现，动摇了人类演化理论。"

在从猿到人的进化过程中，伴随着脑量的不断增加，直立行走推动了人类文化和生理特征的重大发展，也成为制造和使用工具的前提，从而构成了猿和人之间的分野。

龙骨坡的石灰岩石器呈现出粗糙、简单、随意的原始面目。它们在远古时期，被那些刚刚从直立行走中解放出来的双手一点点艰难打制而成，成为只有石器专家才能识别的手镐、薄刃斧、砍砸器等工具。

考古专家认为，它们原始的技术面貌已经显示出石器时代最早阶段的特征。

侯亚梅回忆道："最早发现的 20 多件石制品，一个特别值得注意的现象就是对把手的处理。我们观察到，有 50% 以上龙骨坡的工具，已经不是刚刚启蒙的状态，而是有所发展。从文化传统上相比，龙骨坡石器可能有一些东非早期人类石器里面不存在的工具元素。"

伊夫·柯庞说："龙骨坡古人类工具，采用了中国式的制造方法。我断定它们是原始的石头，经过了原始的打制。龙骨坡的古人类可能来自其他地方，但在中国经过了特殊的演变。"

西方学者大多认为，人类起源于非洲，而后向世界各地扩散。因此，在非洲以外地区发现的人类化石，都比非洲的晚，一般不超过 100 万年。

可是龙骨坡出土的猿人牙齿化石和石器，已被中外专家认定年代为距今200万年前。因此，美国出版的《科学新闻》杂志发表评论说："中国巫山龙骨坡的这个新发现，动摇了人类演化理论。"

这里所指被"动摇"的，正是西方学者之前认定的关于人类从非洲扩散的时间。

侯亚梅认为有一种可能，人类从东非迁徙到亚洲，是在一种尚不会制作工具的状态下来到了这里，然后适应了这里的生态环境，创造出具有独特传统的文化。

爆炸性的观点，引起了全世界考古学界对龙骨坡的广泛关注。法国考古学在世界上一直处于领先地位，2001年11月，法国著名旧石器考古学家艾立克·博伊达专程来到龙骨坡。

艾立克·博伊达（法国著名旧石器考古学家）称，龙骨坡遗址在《自然》杂志发表后，变得举世闻名。对西方考古研究者来说，有朝一日能够来研究龙骨坡遗址，哪怕只是看看，都是一个梦想。

黄万波回忆道："我陪他到了现场，看了龙骨坡堆积的履历，他非常兴奋。回到北京以后就给我提出来：我们能不能一块来研究龙骨坡？我说当然可以。"

博伊达说："我们开始观察出土的物品，黄万波教授向我们讲解，我们也和他进行了讨论。对于龙骨坡的年代，中国和欧洲的实验室都进行了测年，160万—200万年，这与事实基本是相符的。"

2003年10月，黄万波又来到龙骨坡。

近20年来，从年过半百到七旬老人，龙坪村的村民们都熟悉了黄万波。这一次，和他一起来的是中法联合考察队。

▲ 龙骨坡的重大考古发现吸引了众多外国专家的目光

有了外国专家的合作，龙骨坡又会给世界带来怎样的惊喜呢？

三、石破天惊

2003年10月,中国和法国考古联合考察队来到龙骨坡,这时,距离黄万波第一次走上这个小山坡已经整整过去了19年。

这一次,联合考察队把每个探方面积由2×2米改为1×1米,严格按照法国学者提出的操作规范统一操作,更加细致地发掘。

他们不时发现一些神秘的石制品,透过这些石制品显示出的痕迹,专家们力图寻找到与远古人类活动的联系。

博伊达说:"龙骨坡发现的古人类工具的原料,是一种石灰岩。我们在河床上找不到这种材料,无疑他们是走了几千米的距离收集来的。他们把原材料带回来是符合逻辑的,为什么呢?因为他们通常不会在居住地附近狩猎,动物不会生活在有人类居住的地方。"

2003年10月28日,中法考古队员在发掘第Ⅱ区的一处探方中,小心地揭开一层薄薄的泥土。突然,一些鹿类动物的肢骨化石显露出来。随着工作面的扩大,暴露出的骨化石越来越多。

随之而来的是令人惊愕的发现:这是一片动物肢骨的埋藏地,有象、牛、鹿等大型食草类动物的前、后肢骨等。它们埋藏集中,堆列有序,表面光洁,

▲ 发现大量的动物肢骨化石

▲ 龙骨坡出土的牛下白齿

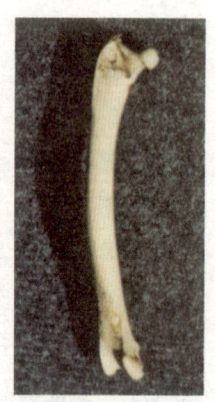
▲ 龙骨坡出土的锦鸡肱骨

▲ 龙骨坡出土的砍砸器

▲ 留下砸痕的动物肢骨

未见任何食肉类动物的咬痕。

这些动物化石为何如此集中堆积在这里？是被附近的流水冲击而成？还是自然死亡或是被其他食肉动物杀戮？这和"巫山猿人"又有什么关系呢？

克里斯托夫（法国古动物学家）认为，如果这些骨头是被河水冲来的，它们会朝着同一个方向，但我们发现这些骨头是完整的，而且朝着不同的方向。那些动物骨头如果是被食肉动物带来的，骨头上肯定会布满牙齿咬过的痕迹，但情况不是这样，没有或只有一点被咬过的痕迹。因此可以看出，是早期人类把动物带到龙骨坡这个地方来食用。

在这些动物骨骼之间，还发现了多件石器与石片，同时在一些动物肢骨上又能看出被石器砸击的明显疤痕。

克里斯托夫表示，骨头被击打时很新鲜，并被多次击打在同一个位置，因此是人类造成的。

吕遵谔也表示，人类把野兽打来吃肉，还吃骨髓。吃骨髓唯一的办法是先把骨头敲断。

考古队在龙骨坡还发现一段野马的掌骨化石，掌骨上有一个隆起。黄万波以为这个隆起是一个肿瘤，后来通过拍摄 X 光片，发现是局部骨折愈合后形成的。

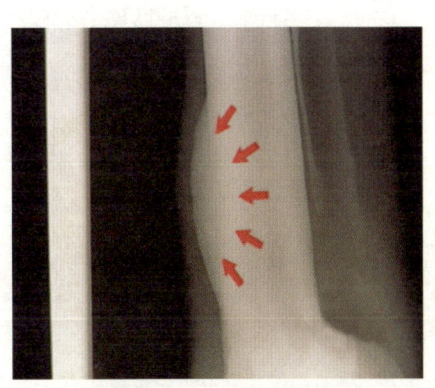
▲ 特别的野马掌骨成为古人类"致伤并追踪"猎物的证据

▲ 植物孢粉化石

史前时期，人类常常采用"致伤并追踪"的方法猎杀大型动物。人类先击伤猎物，然后追踪。直到猎物虚弱无力，再给予致命一击。从龙骨坡出土的马掌骨来看，这匹野马极有可能因为被"致伤并追踪"而成了"巫山猿人"的猎物。

龙骨坡遗址历经20多年的考古发掘，先后出土人类化石、巨猿化石以及120种古脊椎动物的化石和大批石器。

透过这些动物化石的种种信息，无数的片断拼接组合，让我们仿佛看到了200万年前"巫山猿人"的生活场景。

地质学者认为，今天的三峡大约在50万年前形成。在三峡还远未诞生的岁月里，这里没有高山雄峰，没有大江峡谷，而是一幅河湖相间、森林茂密、气候温湿的画面。

古生物学者通过对一块孢粉化石的分析，让我们得以了解"巫山猿人"在200万年前的生态环境。

杜乃秋（北京植物研究所专家）说："我们在龙骨坡做了47块孢粉样品分析，其中主要有乔木、灌木、蕨类植物。分析结果提示，龙骨坡是一个由暖湿到冷干、再到暖湿、再到冷干的森林环境。"

那时，龙骨坡所在的大庙盆地长满了各种水草，盆地边缘是阔叶林、蕨类植物和灌木丛，盆底高处是茂密的森林。优越的自然环境使乳齿象、剑齿象、剑齿虎、云南马、中国貘、小种熊猫等哺乳动物在这里自由繁衍。

黄万波称，那时候的环境适合灵长类动物的生活。巨猿和人都属于灵长类，都可以在那个环境中生存。

克里斯托夫提出，根据龙骨坡二层发现的动物骨骼，我们可以对当时巫山人生活的环境有一个概念：那里曾是森林，地势没有现在那么突

剑齿象： 是长鼻目真象科剑齿象亚科已灭绝的一属。这一类象的头骨比真象略长，上颌的象牙既长且大，向上弯曲。最早的剑齿象出现于中新世晚期，最晚可以生存到晚更新世。

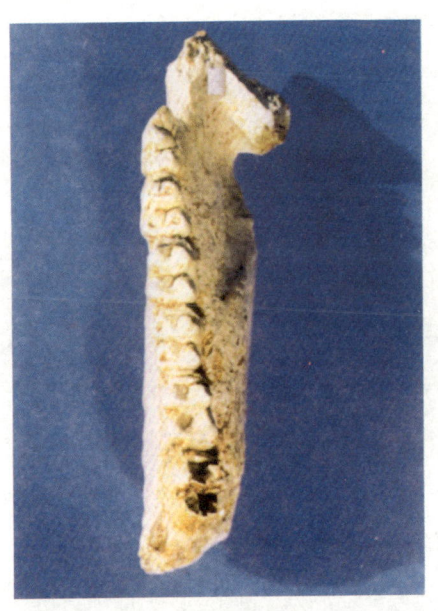
▲ 龙骨坡出土的山原貘的下颌骨

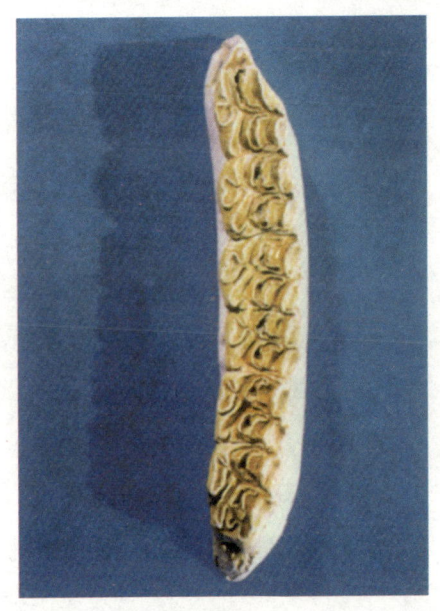
▲ 龙骨坡出土的马的臼齿

▲ 龙骨坡出土的巫山剑齿象的臼齿

▲ 龙骨坡出土的乳齿象的臼齿

兀。那里生活着许多动物，有各种各样的鹿、野牛等，这些动物生活在龙骨坡的洞穴附近，史前人类进行狩猎，把猎物带到他们居住的洞穴食用。

依照学者们的分析，一幅"巫山猿人"的生活画卷呈现在我们面前：每天清晨，"巫山猿人"出现在有水源有食物的地方，他们在森林中采摘野果，在草丛中捕捉昆虫；他们用简单的石器或许还有木棍捕猎大型动物。

这里是他们的家园。

他们住在哪里？怎么获取食物？从哪里来又到哪里去？这一切我们只能通过龙骨坡的发现进行逐步的探究。

1984年，考古学者在龙骨坡发现一个垂直型的溶洞。溶洞周围一面环山，三面向阳，视野极其开阔。

溶洞顶部长满了钟乳石，洞壁长着石花，底部曾经与地下河贯通。

黄万波介绍道："龙骨坡巫山猿人遗址是一个洞穴，洞的形状是垂直的，适合人类居住。"

米赛（法国地质学家）说："我们在这里发现了一块石笋板，表明这里以前是个山洞。这个洞穴后来在山谷形成的过程中被毁坏了。"

黄万波称，洞口视野比较开阔，从这里可以看到整个大庙盆地。阳光照射比较充足，如刮风下雨可以躲在里面，最适合那个年代的人类居住。

考古学者认为，也许就在200万年前的某一天，"巫山猿人"意外地发现这处洞穴，并把它当作栖息的家园。在这里，他们度过了大约24万年的时光。

考古学者为我们描摹出200万年前"巫山猿人"的生活情形：晨曦之中，他们走出洞口去寻找食物；夕阳西下，他们扛着猎物归来；夜幕降临，他们在溶洞中相拥而眠……

"巫山猿人"的生活也许并不安宁，一些猝不及防的危险随时可能发生。他们在龙骨坡的生活并非一帆风顺，自然环境对他们的威胁很大。

黄万波表示，通过考察，洞顶的地质构造并不完好，我们在发掘中挖出了一块很大的石头，它长3米多，厚2米多，很可能是洞顶塌下来的。

龙骨坡洞穴附近，考古学者还发现了成堆的鬣狗粪便化石，可以判断出这群鬣狗至少有四五十只。鬣狗是人类的天敌,他们经常与"巫山猿人"争夺领地,人类往往处于下风。

除了鬣狗,与"巫山猿人"同时代生存的还有剑齿虎等凶猛的食肉类动物,剑齿虎是已知的最大的猫科动物之一,它站立时肩高1.2米,最大的剑齿虎重达340千克,对古代人类生存威胁很大。

那时"巫山猿人"身高只有1.5米左右,刚刚开始直立行走,还没有学会使用火。对他们来说,龙骨坡并非是一片风景如画的"香格里拉",而是一个你死我活的生存竞技场。

在生存竞争中,"巫山猿人"靠什么食物维系自己的体能,发展自己的智能呢?

考古学者在这里挖掘出大量的鼠类、蝙蝠等小型动物化石。专家们认为,正是这些不起眼的生灵,为人类的远祖提供了持续不断的食物来源。

郑绍华(中科院研究员)介绍道:"此前,这些小哺乳动物在我国华南地区没有发现过,这次发现意义相当重大。第一,小哺乳动物演化迁徙比大哺

▲ 即使今天,人类如果赤手空拳和剑齿虎相遇,恐怕也只能甘拜下风

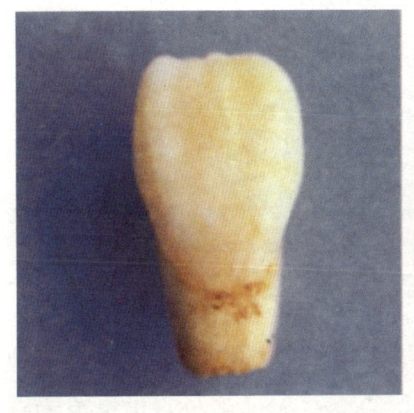
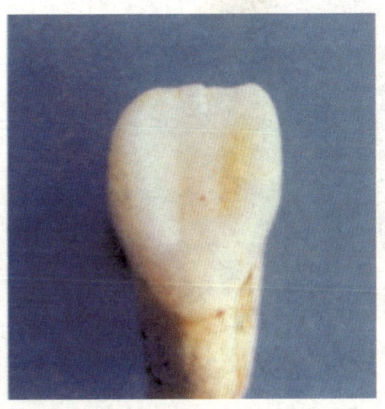

▲ "巫山猿人"的门齿

乳动物快,因此为确定时代提供了更充分的依据。第二,龙骨坡发现这么多的啮齿类动物化石,人们自然而然想到当时的人类是不是吃老鼠呢?比如现在,较大的竹鼠、飞鼠、豪猪等,都是南方人还在吃的食物。所以我们推想,当初龙骨坡的猿人也可能吃这些东西。"

人类祖先从树上来到地面上,开始从森林深处向森林周边的草原迁徙。但草原不像森林那样有着丰富的植物和昆虫,因此远古的人类无法仅仅依靠采集为生。于是,猎杀其他动物就成为人类祖先生存的一种手段。

除那些小型哺乳动物,和"巫山猿人"共同生活在龙骨坡的还有剑齿象、乳齿象以及爪蹄兽、双角犀等大型食草类动物。这些大型食草动物性情温和,极有可能成为人类的猎物。那些和石器埋藏在一起的大型动物肢骨化石,似乎可以证明这一点。

克里斯托夫提出,为什么食草动物多而食肉动物少呢?因为在所有人类居住的地方,不管是史前的哪个阶段,基本上发现的都是食草动物的骨骼。因为当时人类猎杀和食用的几乎都是食草动物,食肉动物总是很少。这一点又充分说明了龙骨坡的那些骨骼堆积是人为因素造成的。

"巫山猿人"的身高不超过 1.5 米,体型矮小的他们要猎杀大型动物,只有集体合作才能完成。而合作就意味着思想、交流和文化产生具有了可能性。

我们可以想象,当"巫山猿人"从猎物变成猎人,并终于发展到群体合作狩猎的时候,就可能有了更多的捕获猎物的机会。一旦捕获的猎物多了,他们便把猎物扛回洞穴,尝试着贮藏食物。

也许从那时起,他们已经开始有了分工。

在欧洲,考古学者描绘出了远古人类的生活形态:在传统的狩猎—采集社会,男性常常负责猎杀体型较大的动物,女性则负责采集植物和猎杀

▲"巫山猿人"下山寻找食物

较小的动物。当集体猎杀获得大量食物后，女性便承担起剥皮、屠宰和保存肉类的责任。

在龙骨坡发现的一片动物肢骨化石埋藏面积超过2平方米，其间还有石器和石片。这么多重叠交加的食草类动物腿骨，如果是被"巫山猿人"猎杀，那会有多少人参与其中呢？

黄万波表示，通过发掘发现可以推断，这里的"巫山猿人"群体，至少包括老少、男女，不少于4个个体的一个家族。

在龙骨坡，那个洞穴，是大自然赐给"巫山猿人"的居所；丰富多样的哺乳动物，是"巫山猿人"食物来源和营养提供者；各种粗陋的石器，表明"巫山猿人"已经具备打制工具的能力；大型动物的猎杀遗迹，显示出"巫山猿人"已经有分工合作、交流思考的可能……

这些在200万年前顽强生存的"巫山猿人"来自何处？又去了哪里？他们究竟是不是我们中国人的祖先呢？

博伊达纠正道："以前人们说是非洲古人类100万年前来到亚洲。但是，龙骨坡等地发现的资料和数据表明，他们并不是100万年前到来的，应该是250万年前甚至300万年前来到亚洲的。"

考古发现，东非大裂谷在几百万年前曾经活跃着爬行的古猿，并在以后渐渐演化成为有智慧的生灵。很多专家认为，人类正是从这里开始直立行走，并在几百万年由猿到人的演化过程中，向世界各地迁徙扩散。这种观点被称为"非洲起源说"。

但也有部分专家认为，在中国发现的不同时期的古人类化石之间，各种特征彼此模糊，无法截然区别，作为远古人类证据的石器与非洲的石器更有天壤之别。因此，非洲大陆的直立人和欧亚大陆的直立人是不同种群分别进化为智人的。这种观点被称为"多地起源学说"。

位于亚洲的中国长江三峡，与东非大裂谷在

智人： 是生物学分类中全体人类共有的名称。在分类学上，所有的人都属于同一个物种。智人最早出现在地球上的时期有各种不同的推测，通常认为是在大约20万年前。

非洲单源说：按照这一学说的理论，现代人的祖先均为20万年前的一位东非女子，被称"夏娃"。"夏娃"的后代扩散到全世界，消灭了世界各地原来的各种古人类，便成了现在这统治整个地球的现代人。"单源论"是目前世界上人类起源的主流学说。

多地起源说：最早由密西根大学教授沃波夫提出。根据他的说法，世界各地的人类同时平行演化成今天的现代人。不同地区的人类由于地理隔绝往不同的方向演化，同时选择、突变、遗传漂变与基因流等因素又使现代人往大约一致的方向演化。最终，不同地方人类的多样性消失，而拥有更多的相似处。

形成原因和所处纬度等方面都有着相似之处。由此，有考古学者推测：中国长江三峡的巫山，极有可能是中国人，甚至东亚人类演化的摇篮。

刘东生（专家）表示，三峡是介乎森林和草原，或是森林和灌丛的这样一个环境，适合古人类生活。第一，巫山猿人脱离了原来的森林环境，才有直立的机会和狩猎的机会；第二，这个环境改变了他们原来生活的条件，适应新环境的过程也是一个进化的过程。

考古学者认为，200万年前的"巫山猿人"，其行为方式已经超越了动物一大步。"巫山猿人"的存在和繁衍，证明了人类早在200万年前就出现在东亚，是蓝田猿人、北京猿人和和县猿人等直立人的先辈。

黄万波表示，最早的就是"巫山猿人"，有200多万年；和"巫山猿人"相近的"邻居"就是建始猿人，也是200万年出

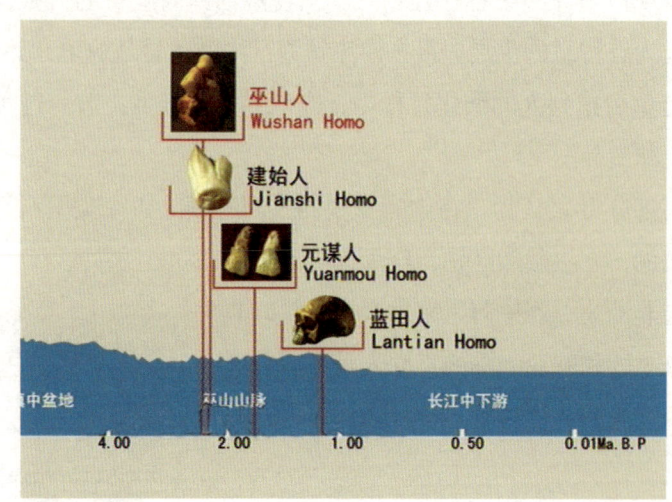

▲ 中国猿人分布示意图

头；元谋猿人，有170万年；智人就是长阳人，接近20万年；还有9万年左右的奉节人、官渡人、河梁人。也就是说，长江流域从200万年前的直立人，到1万多年前的智人，中间没有外来文化的渗透，也看不出有外来基因。所以要问中国人从哪儿来？答案是：长江流域大三峡，这就是中国人的发祥地。

博伊达声称，他相信最古老的遗址会在巫山发现。

但由于考古发现上的断裂，"巫山猿人"在什么时候，因为什么原因离开龙骨坡。告别龙骨坡之后，他们又去了哪里？至今仍难以断定。

北京猿人，不仅创造出了颇具特色的旧石器文化，而且还将人类最早用火的历史比原先科学家的估计提前了几十万年，他的发现地——周口店因此被认作人类起源的圣地之一。

▲ 北京猿人化石的发现地——周口店

食人族

魏敦瑞： 德国解剖学家和体质人类学家，北京人化石的研究者之一。他在《中国古生物志》上发表了《中国猿人头骨》《中国猿人下颌骨》等一系列专著，至今仍是研究古人类，特别是直立人化石必不可少的参考文献。他对"北京猿人"人骨的精确描述被公认为体质人类学上至今无出其右的成就。

当科学家满怀崇敬、激动的心情，小心翼翼地试图去揭开人类历史发源的序幕时，竟发现北京猿人是史前食人族。

20世纪二三十年代，北京猿人的发现以及发掘工作获得的巨大收获震惊了世界，使自19世纪中叶以来就开始苦苦寻觅人类祖先，试图揭开人类史前世界未解之谜但一直收获甚微的科学家、探险家们终于拥有了一个难得的契机，纷纷将目光集中到了东方这片古老

▲ 北京猿人的发现，为研究人类早期的生物演化及早期文化的发展提供了难得的实物依据

的土地上。1935年的春天，国际知名古人类学家德国人魏敦瑞来到了中国。在北京协和医学院B楼的办公室里，他接手了一项梦寐以求的工作——开始全面负责周口店北京猿人的发掘和研究。

一、发现带来了"不祥之兆"

1936年冬，中国学者贾兰坡在周口店连续发现了3颗北京猿人头盖骨，其数量之多，在世界上是破天荒的头一遭。

魏敦瑞对这些头骨化石整天爱不释手，但是，头骨上存有的一些孔洞和裂纹看起来竟像是伤痕，这让魏敦瑞大为困惑。好在当时人们对史前世界原始人类的考古工作已陆续有了一些发现，虽然都无法与北京猿人媲美，但史前人类世界的生活景象已在科学家面前变得渐渐清晰起来。只是，随着人们对原始人类的了解越来越多，一种不安的感觉也随之弥漫开来。

尼安德特人：距今3万—20万年前生活在欧洲、近东和中亚地区的古人类，统治着当时的欧洲和亚洲西部。能够制造和使用复合工具，具有狩猎能力及丧葬等习俗，并有了语言能力。有学者将其归入古老型智人。2009年，尼安德特人基因组图发布。

1899年，在克罗地亚的克拉皮纳山洞考古学家发现了13万年前的尼安德特人的头骨和四肢骨骼。这些骨骼异常破碎，有650块之多，而且上面还布满了击打和烧过的痕迹。

1909年，在法国的费拉西山洞发掘出的另一颗尼安德特人头骨，破裂同样也很严重，以至于当时就有人猜测是被人砸破头后吃了脑浆。

1924年，在南非还发现了距今数百万年的南方古猿化石。化石的头部

▲ 从这个颅底破裂严重的头骨上，人们仿佛看到了20万年前这个尼安德特人被同类残忍杀死、割下脑袋、敲骨吸髓的恐怖场景

骨骼上明显地存有圆形尖状物打击的痕迹。对此，发现者之一的雷蒙·达特博士认为，它是被同类打破的。

……

越来越多的发现都指向了一个可怕的事实，在几万年乃至上百万年的岁月里，原始人可能普遍参与了一件世上最骇人听闻的事情——人吃人！

在人类发展史中，火的应用不仅给原始蛮荒世界的人们带来了光明和温暖，也孕育了人类文明的诞生，而周口店遗址中厚厚的灰烬层说明：北京猿人已能灵活地使用火。难道创造了最早的人类文明、备受赞誉的北京猿人也是同类相残、相食的食人族？这是一个人们想都不愿意想的问题，却也是一个必须澄清的事实，当然，真相还有待接下来更多的发现和更深入的研究。可恰在这时，"卢沟桥事变"爆发。它不仅改变了中国的命运，也自此改变了北京猿人的研究走向。

二、研究推出了"恐怖疑问"

随着战火的蔓延，周口店的发掘工作被迫停止，化石和接下来的研究工作不得不转移到美国人办的协和医学院里。

在进行遗骨化石清点时，魏敦瑞注意到了一些特殊的现象：十多年的发掘累计出土头盖骨14件，其中比较完整的5件，肢骨残片14件，还有一些牙齿和下颌骨。但按常理，躯干骨和四肢骨数量应大大多于头骨；还有，在一个埋藏猿人下颌骨的地方，考古人员不仅发现了石器，而且在旁边又发掘出了动物化石。但在通常情况下，原始人捕获了猎物，就会用石器剔肉削骨，再砸开动物的头颅和骨骼，吸食脑髓和骨髓，吃完后就留下了石器和动物骨骼。而人类化石是不会同动物化石和石器一起出土的，因为只有动物才是人类捕食的对象……

那么，对上述怪异现象该作何解释呢？

会不会是发掘时遗漏了肢骨？

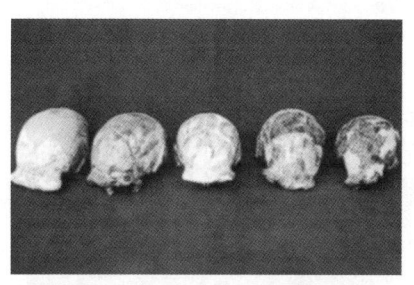

▲ 历次考古发掘发现的较完整的 5 具北京猿人头盖骨化石的模型

▲ 北京猿人化石被发现时的样子。由于头盖骨与肢骨比例严重失调，使魏敦瑞感到这一现象极不正常

不存在发掘过程中人为原因的遗漏。因为发掘出土的骨块化石，无论多么破碎，都不会被随意抛弃；更何况标本运到北京后，还要经过研究人员的按类分选，就连细小的骨渣也不会放过。

难道是受到了自然力的破坏？

自然力破坏的可能同样可以排除。因为在同一地点还发现了大量的动物肢骨，自然力是绝不会单单破坏北京猿人骨骼的。

那么是某种外力将猿人头骨带进山洞的？

也非如此。一方面，考古发现凡是出人骨的地方都没有水流经过的迹象；另一方面，学者们曾将目光集中到今天非洲草原上一种凶残的食肉动物——鬣狗的身上。因为从周口店遗址的发掘来看，史前时期的鬣狗更加让人胆战心惊。那个时期的鬣狗体格极为庞大，甚至超过了今天的东北虎，并且这种爱吃死尸的动物牙齿尖利，撕咬力惊人。在周口店遗址中人们发现了大量鬣狗带有碎骨的粪便化石，说明鬣狗嗜血成性，甚至连骨头也不会放过。另外猿人洞遗址中北京猿人和鬣狗相互交错的化石堆积层清晰地表明，洞穴最早的主人应该是鬣狗，50 万年前的时候，北京猿人开始入住这里，从此，双方交替占领洞穴，进行了长达数十万年的殊死搏斗。但是，魏敦瑞翻来覆去都没有在北京猿人的骨骼上找到鬣

鬣狗：生活在非洲、阿拉伯半岛、亚洲和印度次大陆的陆生肉食性动物。外形略像狗，毛棕黄色或棕褐色，有不规则黑褐色斑点，是非洲大草原上最凶悍的清道夫。鬣狗过着母系社会体系的群居群猎生活，依靠发达的嗅觉和强健颚齿觅食腐肉。

远祖之谜

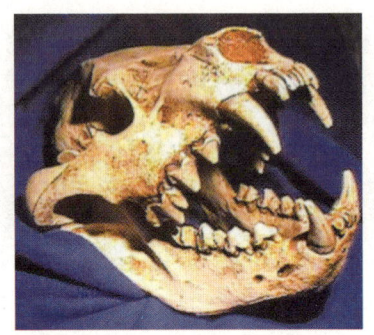
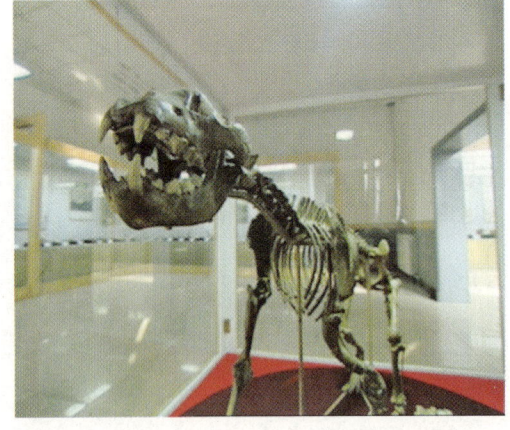

◀ 如今的鬣狗和史前鬣狗头骨的化石。相比之下其体型大小差异一目了然

▲ 魏敦瑞正在仔细研究出土的北京猿人化石，其中一些反常的现象使他疑窦顿生

狗咬过的痕迹——齿印或爪印，因此可断定不是鬣狗吃了人的肢骨。

……

正当魏敦瑞对这些反常的现象百思不得其解，陷入苦苦思索之中的时候，远在意大利的一个古人类考古的重大发现使他眼前骤然一亮。

1939年2月25日，科学家在罗马西南部的一个美丽小岛，齐尔切奥角上发现了一个存有古人类活动遗迹的山洞。在山洞深处一个用石块围成的圆圈中心，孤零零地底朝上摆放着一颗人头骨化石，但没有发现人体其余部位的任何骨骼。在离石圈不远的地方，仿佛陪葬似的摆着3堆动物的骨骼，它们分别是赤鹿、牛和猪。其中让人惊异的是，那颗人头颅底部有一个大洞，整个头颅也破裂得很严重……很快，一个令人瞠目结舌的结论出来了：这是一颗20万年前欧洲史前人类——尼安德特人的头骨，其底部大洞的边缘参差不齐，不像自然生长的那样相对平滑，而且颅骨的右侧存有遭到过凶狠击打的痕迹。因此专家认为，这个20万年前的尼安德特人很可能是丧生在同类手下，然后被残忍地割下头带回洞里，砸开颅底吸干了脑髓。

意大利的发现和北京猿人发现时的情形非常相似，他们的头骨和肢骨数量的比例都极为不相称，齐尔切奥角的山洞中只留下了1颗头骨，而北京猿人有5个比较完整的头骨和极少量的肢骨。这样，在发掘遗漏、洞穴坍塌、水流的原因都无法解释北京猿人头骨和其他部位骨骼的数量不相称的现象时，魏敦瑞认为就只剩下一种可能：是北京猿人自己将头颅带到洞穴里的。

三、历史终有了科学定论

当魏敦瑞抱着心中始终存在的谜团进行更细致研究的时候，他发现北京猿人颅骨化石中的那些像伤痕的裂纹和孔洞其实就是伤痕。

在1929年发掘的第一个头骨化石顶骨表面有多处凿痕；

在1936年发现的3个头骨化石中，第一个头盖骨的额骨左侧和顶骨上有很深的切痕；第二个头骨化石的顶骨中部有一块直径大约1.5厘米的浅而不平的圆凹痕，仿佛是遭到了某种尖状物的击打，并且在这个头骨其他地方也有类似的情况出现；第三个头骨化石的顶骨上居然有一个近3厘米的矢状深切痕。

根据这一现象，再结合此前半个多世纪里发现的考古证据，越来越多的怀疑使人们对史前的世界日益感到困惑。魏敦瑞认为，原始人极有可能残杀同类，北京猿人自然应该包含其中。

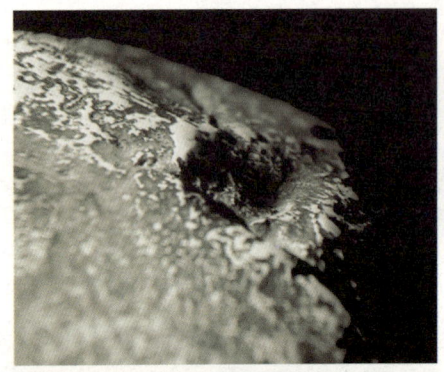
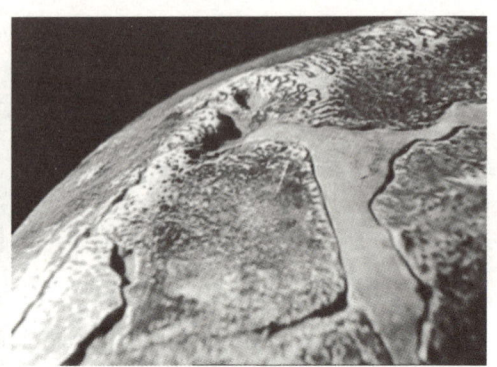

▲ 面对不同的北京猿人头骨化石上这些触目惊心的伤痕，只能用这样一个推论来解释：在当年的北京猿人中，很可能存在着自相残杀的现象

但是，科学家通过长期观察发现，在同一野生哺乳动物种群中，争斗是难免的，但因争斗而发生"命案"的现象却不多见。如狒狒，这是一种与人类关系比较密切的哺乳动物，科学家一直参照它的行为方式来研究早期人类的生活状态。研究发现：狒狒虽较具攻击性，可它们之间不会捕食同类。那么，在史前世界的北京猿人中如真有自相残杀的情况出现，肯定还有一些仍不为人们所知的原因，但这还有待人们去更进一步地探索和发现。

在约半个世纪后的1991年夏天，一支由法国地中海大学和美国加州大学组成的联合考古队，在法国东南部罗纳河上游的河谷中的一个名叫莫拉-古尔西的山洞里，发掘出了10万年前的人类遗骨、动物遗骨、石器和灰烬层。于是，一切都真相大白了：当考古队员清理洞中的人类遗骨时发现，骨骼上存有一道道伤痕。这些痕迹与骨骼通常的损伤完全不同，看起来更像是有人刻意造成的，如一根人的左大腿骨，其底部破裂成了3块，左侧的骨片上留有大量反复摩擦的擦痕，右侧的骨片上有很多划痕，仿佛有人用尖利的石刃从腿骨末端使劲地划过；更有甚者，在一个头骨的左顶骨上，明显可以看到两道长达7厘米、呈V字形的石器划痕。这与当年魏敦瑞在北京猿人化石上的发现极为相似。

接下来当考古队员清理洞中的动物遗骨时，发现了同样的痕迹。考古工作者认为，这应该是狩猎者剔骨削肉和吸食骨髓后留下的。那么，在人骨上和鹿骨上怎么会出现同样的伤痕呢？考古学家推断：那是在欧洲的最后一个冰期，法国南部寒冷而干燥，但是罗纳河谷拥有丰富的野生动植物，因此7万—20万年前，这里一直是尼安德特人热爱的家园。然而，随着自然环境的日益恶化导致食物越来越匮乏，在10万年前的某一天，这个家园的平静突然被打破了：2个成年人、2个少年和2个五六岁的孩子先后遭到了残杀，而且杀人者像对待赤鹿一样处理了这些战利品……1999年10月，国际上权威的《科学》杂志上刊登了一篇名叫《法国阿尔代什省莫拉-古尔西的尼安德特食人现象》的文章，为在学术界一直争论不休的尼安德特人食人的问题画上了句号。

而20世纪的30年代末，办公室中的魏敦瑞面对着几个伤痕累累的头骨化石，认为要搞清问题真相，必须从进一步挖掘北京猿人的真实生活着手。在接

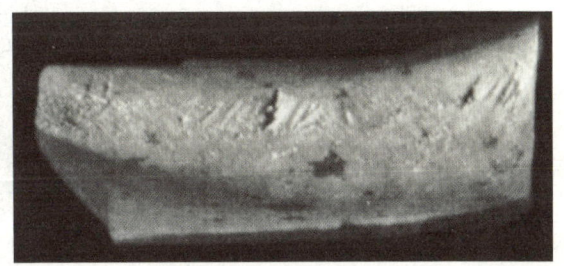

▲ 人骨与鹿骨上相同的创痕说明，它们的最终结局都是成为另一些人的果腹之物

下来的研究中魏敦瑞发现：在可以辨认出年龄的22个北京猿人个体的遗骨中，有70%的人14岁以前就死了，年龄在15～50岁的有6人，占了将近30%，而能活到50岁的只有1个女人。北京猿人短暂的实际年龄说明，当年他们的生存状况远比后人们想象的要残酷得多。这时，魏敦瑞突然注意到了一个一直被熟视无睹的事实：为什么挖掘出的这些头骨主要是头盖部分，而缺少头颅面部和底部骨骼？这绝对不正常。其实在当时，同样的问题也曾使一位荷兰古生物学家孔尼华感到困惑。因为在1930年，孔尼华在亚洲南端的印度尼西亚也挖掘出一批这样的头骨，它们和北京猿人的头骨具有惊人相似的特征，所有的头骨都没有面骨，甚至有两个只具有脑颅后部。孔尼华认为，这种现象和后世南太平洋区域流行的一种恐怖风俗非常相似，当地的土著总是将俘虏相对脆弱的面部砸碎，取食脑髓，最后只留下了坚硬的头盖骨。孔尼华的这一结论并没有得到学术界的广泛认同。另一种观点认为，没有面骨可能是由于面部本身结构上的弱点造成的。但是，在如今发现的原始人类的头骨中，有很多都比较完整，包括埋藏年代最久远的非洲南方古猿化石。显然，面骨的缺失是由于自然力破坏的说法同样很难令人完全信服。因此，主流观点还是倾向于孔尼华的观点。

▲ 科学家想象中的50万年前周口店猿人洞中北京猿人的生活场景

通过几年的研究，魏敦瑞终于可以大致描述出50万年前发生在周口店那真实骇人的一幕：50万年前，周口店遭遇了一个罕见的冬天，干旱、严寒，使这里连鸟类都几乎绝迹，生活在密林中的猿人群体也到了崩溃的边缘。饥饿使他们之间陷入了疯狂的相互残杀，同类的肉体和脑髓成为他们最后攫取的美食……

虽然证据确凿，推论合理，

但以现代人的眼光来看,饥饿导致人类相互残杀的结论仍是不可思议。那么,有没有更直接的证据表明人类历史上确实存在过人吃人的现象呢?1998年夏,美国分子生物学家马拉教授在科罗拉多大学医学院病理学系的实验室做了一项特殊的实验,试图在世界上第一次用科学的手段检验人吃人的现象。实验检验的对象是一块1150多年前古印第安人的粪便化石,要通过检验得知这块粪便化石中有没有一种特殊的人类肌红蛋白质。这种物质不会在食人者的身体里存在,因此如果在人的粪便中发现它的话,只可能来自被粪便的主人吃掉的人。实验结果很快就出来了,粪便中竟然真的存在,而且只有人类肌红蛋白。这说明:这块粪便的主人在排泄前的12～36个小时内,所吃的只有人肉。这个结果使人震惊,也令人大惑不解。因为那时的古印第安人已拥有了较先进的农业文明,应该不愁吃喝,又怎么会沦落到残杀同类的境地呢?后来通过对当地环境的考察认定,1000多年前这块粪便的主人生活的地方曾经发生过严重的旱灾,导致当年的古印第安人可能饥不择食,最终到了人吃人的地步。

肌红蛋白: 是组成骨骼肌和心肌的主要蛋白质。当肌肉损伤时,可以从肌肉组织中漏到循环血液中,使血清肌红蛋白浓度增加,该指标用于判断是否发生肌肉损伤。测定血清肌红蛋白可作为急性心肌梗死诊断的早期最灵敏的指标。

书中写道:"猿人猎食自己的亲族正像猎食其他动物一样。因为古猿人意识到后脑较其他部位更易置人于死地,于是就用锋利的石器敲打头部,然后吸干脑髓,再慢慢割下其他部位的肉吃……"1941年春,在太平洋战争即将爆发之际,魏敦瑞悄然离开了中国。而此后由于猿人头盖骨神秘失踪,他所下的北京猿人是最早的食人族的结论也成为仅有的权威论证。

时光荏苒,60年时间转瞬

▲1939年,魏敦瑞出版了他的研究专著《中国猿人头盖骨》一书

即逝。尽管北京猿人的同类相食在现代人看来简直是不可思议,甚至被某些人看作是人类成长道路上永远难以拭去的"一大污点"。但是,若考虑到数十万年前那个生产力极度低下、弱肉强食的生存环境,如今人们还能苛求历史什么呢?

距今约200万年前，在一个叫泥河湾的地方，一群原始人吃了一头大象，这真是一场盛宴，至少可以证明，在中国境内，有着与非洲同期的原始人类，令"人类非洲起源说"受到了一定程度的挑战。难道泥河湾人的历史只有这么短？

史前盛宴

遗址中的灰烬表明在这里生活的泥河湾人已经学会了用火，年代测定证明这一地层离现在只有1万年左右，难道泥河湾人的历史只有这么短？

河北省泥河湾，一个只有几十户人家的小村庄，早在20世纪20年代，就吸引了无数的国外知名考古学家。因为这里出土了很多动物化石，而且这些化石中有一些动物是早就灭绝了的，比如100多万年前就灭绝了的三趾马。不仅如此，一位法国的考古学家在泥河湾采集到了一块似乎有人工痕迹的石块。于是，他在著作中兴奋地写道："也许在最后的三趾马来湖畔饮水的时候，泥河湾就

▲ 在最初的泥河湾考古中，人们在遗址里发现了堆积的灰烬。这说明，在这里生活的泥河湾人已经学会了用火，他们生活的年代不会太早。果然，随后的年代测定证明，这个地层离现在只有1万年左右

> **三趾马：** 哺乳动物纲奇蹄目马科的一个灭绝的属，体型比现代马小，前后肢均为三趾，中趾粗而着地，侧趾较小而不着地。化石大量发现于欧洲、亚洲、非洲和北美洲上新世地层中。在我国山西、陕西、河南、新疆等地均有发现。三趾马一名自 1924 年就在我国广泛使用。

活动着最早的人类。"泥河湾百万年前真的有古人类存在吗？这个大胆的推测给后世的考古学家们留下了无数悬念。

在 20 世纪三四十年代的那些岁月里，不断有人满怀雄心地来到泥河湾，却无不乘兴而来，败兴而归，人们在泥河湾没有发现古人类的任何蛛丝马迹。于是，泥河湾渐渐被人们淡忘了。著名的泥河湾盆地先后沉寂了 40 年。

1965 年，一块貌似普通的石头被送到了中国科学院一位研究旧石器的专家手里，这位叫盖培的年轻专家被震惊了。这块据说是从地层中挖出来的细石核在华北的考古工作中只在地面上捡到过，而从未从地层中出土过。盖培决定要去找到这块石核的泥河湾考察，但是随之而来的变动打破了他的计划，直到 8 年以后，泥河湾之行才得以实现。

在这里，考古工作者找到了丰富的石器。这些粗糙的石器似乎给了他们一丝希望，这里会不会就是百万年前古人类栖身的地方呢？但是，随后的发现彻底打碎了他们的希望。一个晴朗的日子里，考古队员们在遗址里发现了堆积的灰烬，足有三四十厘米厚。这是一个相当于炉灶的深坑，里面有炭粒，有烧过的骨头，周围分布了许多化石和石器。可以想象，在远古的某个时代，夜幕降临，原始人曾经在这里燃起篝火，他们用石器割取猎物肉，烧烤后送入嘴里。这一切无不说明，在这里生活的古泥河湾人已经学会了用火，他们生活的年代不会太早。果然，随后的年代测定证明，这个地层离现在只有 1 万年左右。难道泥河湾人的历史只有这么短？

一、年代测量再次令人失望

在人类化石的旁边，一种旧石器时代非常典型的工具——石球不断地被发掘出来，手握粗糙石球的原始人会是泥河湾的最早居民吗？年代测定再次令人们失望:距今10万年。

两年之后,一则消息再次引起了考古学家对于泥河湾这片土地的兴趣。在泥河湾盆地的边缘,有一个叫许家窑的村庄。在这个村子里,一到晚上,就会有一些农民趁着夜色偷偷外出,在空旷的野地里寻找一种叫作"龙骨"的东西。挖出来的龙骨被卖到中药店里,成为止血的中药。考古工作者再次踏上了泥河湾,并发现此前在泥河湾从未看到的东西。当时刚刚毕业的李超

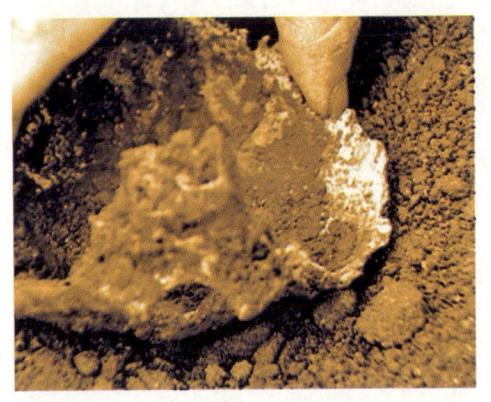
▲ 在泥河湾的许家窑遗址中出土了一些具有人类头骨特征的化石

龙骨: 古代哺乳动物,如象类、犀牛类、三趾马等的骨骼的化石,用来入药。主要成分为碳酸钙、磷酸钙、铁、钾、钠、氯、硫酸根等。据古代医书记载,具有镇惊安神、除烦热、治心悸、失眠的功效。

▲ 许家窑遗址出土了旧石器时代非常典型的工具——石球

▲ 原始人猎杀大型动物的主要武器——石球

远祖之谜

许家窑遗址：位于河北省阳原县侯家窑村，遗址内出土人类化石20余件，石制品万余件。许家窑遗址是旧石器文化的标尺性地点。"许家窑人"的发现，弥补了旧石器时代早期"北京人"与旧石器时代晚期"峙峪人"之间的空白，对于研究中国古人类的迁徙、进化等方面，具有重要的意义。

荣心里隐隐感觉这是人的化石。1976年5月7日，在李超荣的野外记录本中出现了这样一句话："似是人类化石。"随后的几天里，一些更加具有人类头骨特征的化石碎片不断地出现在考古工作者们的眼前。在这些人类化石的旁边，一种在旧石器时代非常典型的工具——石球不断地被发掘出来。这些石球被证明是原始人猎杀大型动物的主要武器。这些手握粗糙石球的原始人到底是不是泥河湾的最早居民呢？

科学又一次打破了人们的希望，年代学检测的结果表明，许家窑遗址离现在只有10万年。但是也给了人们另一种希望，那就是，既然这里在百万年前就是一个生物的乐园，而之后的人类活动又从未停止，这里为什么不能诞生更早的人类呢？

二、比北京周口店人早50万年

是泥河湾地区特殊的材料造就了这些让人迷惑的先进石器，小长梁的年代被确定为距今100多万年前，比北京的周口店人早50万年。

1978年，中科院古脊椎与古人类研究所组织了一次对泥河湾的调查，目的很明确，就是寻找泥河湾地区更早的人类活动遗址。而这一次，人们并没有等待太久。

有一天，在一个叫小长梁的地方，考古学家们发现了三趾马的化石。和化石躺在一起的，是一些具有明显人

▲ 小长梁地区特殊的石器材料造就了让人迷惑的先进石器

▲ 这些精致、小巧的作为刮削器的小石片不像是100多万年前的原始人的杰作

▲ 小长梁遗址出土的具有明显打凿痕迹的石制工具

工打凿痕迹的石器。这似乎可以证明，在三趾马灭绝前的100万年前，泥河湾已经有了人类活动。

但有人马上提出了疑问。这些石器如果是产生于100多万年前的旧石器时代，按照传统的观点来说，应该是个头比较庞大，制作手法比较粗糙。但事实上，在小长梁发现的石器不仅有狩猎用的石球，而且还有作为刮削器的小石片，这些石片具有刀锋般锋利的刃口，分明是古人类精心打制而成。在以前的考古发现中，这种石器的年代一般比较晚，100多万年前的泥河湾人，会有这么精湛的手艺吗？

难道是考古学家们搞错了？经过反复对地层进行观察，最后确定，从地层来说，确实没有错误。

专家们进行了进一步的调查，发现在离泥河湾不远的一个叫凤凰山的地方，出产一种叫作燧石的石料。这些石料既坚硬，又很脆，轻轻一打，就会具有明显的棱角；而小长梁地区的石器材料正是这些燧石。看来，是材料的特殊，而不是原始人精湛的手艺造就了这些让人迷惑的先进石器。

经过国际先进的古地磁方法检测，小长梁的年代被确定为距今100多万年，比北京的周口店人早50万年，从此，这里作为中国最早出现人类活动的

> **古地磁方法**：通过测定岩石和某些古物的天然剩余磁性，分析其磁化历史，研究导致其磁化的地磁场的特征的一门学科。其中以古物为对象研究史前期地磁场特征的称为考古地磁学，是通过测量某一地质年代岩石的剩余磁化强度的方向，所确定该地质年代的地磁极位置。

遗址之一被人瞻仰。

是什么驱使这些考古学家们如此执着地在泥河湾寻找古人类的遗迹？这其中有一个非常重要的原因。原来，在研究北京猿人（即北京的周口店人）的过程中考古学家们发现，北京猿人（即北京的周口店人）已经学会用火，而且他们使用的石器已经比较先进。古人类对工具的使用同样会经历从不会到会的过程，由此推论，在离周口店不远的地方应该还生活着更早更原始的人类。

北京猿人（即北京的周口店人）离现在有50万年，要证明泥河湾才是人类最早生活过的地方，至少要找到50万年以前的遗址。现在，100万年前的小长梁就可以完成这个任务了。20世纪末，小长梁这个名字就作为中国境内最早出现人类活动的地方被刻在北京中华世纪坛的台阶上。

三、一个更大的秘密等待着人们

泥河湾的古人类之谜似乎终于可以告一段落了。但是出乎人们意料的是，在泥河湾的地层里，一个更为巨大的秘密正在等待着人们去发现。

还是在泥河湾，有一条山沟叫作马圈沟。1998年夏，一位当地农民像往常一样，赶着牲口来到这里，忽然从旁边的悬崖上崩下一个巨大的土块。土块里面含着一件石片，好奇的村民把它送到了考古学家的手中。

经鉴定，这是一件保存非常完好的石片，即古人类从石核或者石头上打下来，准备做工具的一件石片。人工痕迹非常清楚，是比较典型的人类留下来的石制品。

但是，要知道这件石器产生的年代，首先必须找到它们所属的地层。人们不久就发现了与这些崩落的土块相同的地层。这个地层里，有一些白色的小颗粒吸引了人们的目光，这些小颗粒居然是一种非常原始的细小贝壳的化石。显然，在化石形成的年代，这个地方还不是一块陆地。

而更让人们惊喜的是，通过测量海拔高度，这个地方比泥河湾盆地的小长梁遗址要低整整 23 米。地层越低，表明年代越久远，而 23 米的距离对于考古学家来说是非常令人兴奋的。

一支庞大的考古队开始了正式的考古发掘。一些石器和动物的骨骼开始出现在他们眼前。2000 年的一天，他们发现手里的发掘铲碰到了一个巨大的硬块。刷去表面的一层浮土后，一个浅黄色的东西出现在他们面前，显然，这并不是这个庞大物体的全部。几天后，一根几乎完整的象牙化石出现在他们面前。在随后的几天里，大象的臼齿、肋骨等骨骼化石相继出土。其中一根大象肋骨和一件用于刮削的石器紧挨在一起，尖利的刮削面正好跟肋骨连在一起，大象肋骨上还留下了一道道刮过的痕迹，这会不会是原始人的杰作呢？

▲ 在泥河湾遗址中出土的象牙化石

发掘工作继续进行着，在某个层位，土质开始变得坚硬起来，考古队员们清理了所有的松软土质，露出了一个古湖的湖底，这时，一个不同寻常的景象出现在他们面前。眼前的古湖湖底并不是一块平地，而是呈现出奇异的坑坑洼洼。难道是雨水的冲击形成了这些大小不一的浅坑？但是雨水怎么能够穿透几十厘米厚的淤泥层，在地下的坚硬土地上留下痕迹？而且，就算雨水具有这样的穿透能力，又怎么会形成这么大的坑？考古队员们百思不得其解。

四、一群原始人吃了一头大象

约 200 万年前，一群原始人吃了一头大象，这真是一场盛宴，这至少可

▲ 在马圈沟遗址出土的两块相距几米远的石器竟然可完美地拼在一起

以证明，在中国境内，有着与非洲同期的原始人类，"人类非洲起源说"受到了一定程度的挑战。

此时，研究所的另一位考古人员正在整理从马圈沟遗址发现的古代石器。一天晚上，他发现手中的两件石器在其中一个断面上居然具有某种联系。把这两个切面拼合在一起后，一个完整无缺的石块切面出现了。但是，化石发掘记录却明显表明，这两件石器是在相距几米远的不同位置发现的。为什么它们却具有如此紧密的联系？这种联系难道在暗示着什么不为人知的秘密吗？考古人员继续寻找能够与这两块石器拼合在一起的石块，最终，他们发现，居然有至少33块石器是从同一块石头上打下来的。而这些石器散落在一个20多平方米的湖畔，分别与一些大象的骨骼化石躺在一起。33件石片被拼合到一起，几乎复原了原来石头的形状。这就可以证明是在原地打的，也就意味着相应的地层可以代表人类活动的年代。

拼合而成的石器表明，原始人类就是在这个百万年前的湖畔现场制作了石器，并用来割取大象身上的肉。第二年的发掘在不远处进行。到了淤泥层底部附近，考古人员更加小心翼翼起来。果然，他们在这个层位发现了一些不寻常的景象：这里有很多椭圆形的土坑，椭圆内外的土质完全不同，椭圆内部的泥土具有明显的分层现象，考古学家们无法解释土坑的

▲ 这些椭圆形状的土坑，被证实是近200万年前的大象留下的脚印

秘密。

2002年的一天,一支国外考古专家组成的考古队伍来到了泥河湾。在马圈沟遗址这些坑坑洼洼的土坑前面,一位著名的专家惊呼起来,这不是大象的脚印吗?

大象的脚印,而且是百万年前的大象脚印,这在世界的考古史上只有一次被发现的记录。那是在曾经走出了世界上最早人类的非洲奥杜维峡谷。

▲ 约200万年前发生在泥河湾古湖边缘的一幕

而这位外国专家无数次亲临的正是那片人类最早的踏脚地。

此时,年代测定的结果也已经出来了。经美国著名的第四纪学学家弗兰克·布朗(Frank Brown)做的古地磁年代测定,为距今180万年。

现在,约200万年前发生在泥河湾古湖边缘的一幕清晰地出现在人们的眼前:一群大象来到泥河湾古湖旁边喝水,它们的足迹踏过湖边的沼泽地带,留下了凌乱的足印。但是,这种悠闲地喝水并没有持续多久,一群原始人类,或许还有许多猛兽同时在觊觎着这些庞大的猎物。最终,一只不幸的落伍者成了原始人的猎物。于是,他们趁着黄昏在湖边制作石器,饱餐一顿。

一群原始人吃了一头大象,这真是一场盛宴。更重要的是,这些原始人很有可能是中国境内最早的人类。对于古人类考古来说,这可以算是一个颠覆性的发现了,这至少可以证明,在中国境内,有着与非洲同期的原始人类,"人类非洲起源说"受到了一定程度的挑战。

但是由于现在还没有找到那个时期古人类的化石,所以180万年前的泥河湾人到底跟现代人有什么样的关系还不知道。

考古工作者现在还继续在泥河湾工作,他们相信,既然百万年前的古人类留下了用过的工具,那么人类的化石应该就在地下的某个地方埋藏着,找到化石只不过是时间问题。这个未解之谜也许不久就会解开。

我们的祖先是谁？我们为什么会生活在亚洲东部这片名为"中国"的土地上？那些遥远的故事总是隐藏在时空隧道的最深处，神秘而难以触及。

中国人来源之谜

中国有着几千年的文明历史，从盘古开天辟地到女娲捏泥造人，这些神话故事无疑都体现了中国古人对自身起源问题的思考。我们是谁？我们为什么会生活在亚洲东部这片被称为"中国"的土地上？我们究竟来自何方？

一、一场骗局

1912年，英国的一个小镇成了世界瞩目的焦点。一个姓道森的乡村律师，在伦敦附近的皮尔当村挖到了几片破碎的骨头，拼接以后，形成一颗奇特的头骨化石。很快，在头骨附近又找到了用石头做成的原始工具，还有一些距今50万年的动物化石。这个被称为"皮尔当头骨"的化石当时被认为是最古老的人类祖先，轰动世界。

然而，对这个结论科学家们一直争论不休。30多年后，考古学家奥克莱对这颗头骨化石进行了化学分析。他希望能够通过这份报告，平息这场持续了几十年的争论。可是实验数据让他惊呆了！结果显示，这颗头骨化石上下两部分的元素含量竟然完全不同。这意味着，那颗头骨根本不属于同一个个体，它很可能是由两种东西拼凑而成！就在这一瞬间，奥克莱意识到：几十年前那场轰动世界的发现，竟是一个骗局。

二、寻找人类祖先

骗局被揭穿，一场持续了数十年的风波最终归于平静。然而由它所引发的疑问，却触动了一部充满难解之谜的历史——我们是谁，又来自何方？

我们的祖先到底什么样？哪里有他们留下的痕迹？我们在反问自己的同时也在不断地寻找答案。然而，那些遥远的故事却总是隐藏在时空隧道的最深处，神秘而难以触及。

数十年前，有一种观点认为，人类的祖先在亚洲。原因是：地壳运动使喜马拉雅山不断隆升，这道屏障挡住了南边吹来的潮湿海风，山的北面降雨越来越少，气候越来越干燥，湖泊因此而干涸，森林凋败。生活在树上的古猿不得不选择来到地面，于是渐渐变成了能够直立行走的人。受这种学说影响，欧洲的探险家们一次次深入亚洲腹地，寻找答案。

三、1921 年，中国北京周口店

这一年，冬天似乎来得更早一些。在距离北京 50 千米的周口店地区，树木早已凋零。一个瑞典人出现在这里，他叫安特生，是当时中国政府的矿业顾问。他热衷于地质调查，不仅因为这是他的工作，还因为他希望在这里——中国，能够找到关于那个巨大谜团的线索。

从一位外籍教师那里得知，一个叫周口店的村子附近有动物化石，于是他每年都要花上一段时间，到这里考察。在这里的一个小山坡附近，他不时会挖出一些被当地村民称作"鸡骨"的细小骨骼。这在安特生眼里却暗示着，这里的地层中蕴藏着更加古老的秘密。

一个路过的老乡得知这些外国人是来挖骨头的，就告诉他们，这里的骨头太小了，离这里不远的地方还有一座"龙骨山"，那里有更大更好的骨头。安特生心头一喜，立刻让老乡带路，来到龙骨山。不大的山体上，不时可以发现石灰岩溶洞。在外露的洞壁上，安特生和助手四处寻找着"龙骨"的蛛丝马迹。不一会儿，一件大的动物骨骼被挖了出来。安特生知道，这种动物生活在距今数十万年以前。看来，龙骨山的地层年代非常古老。紧接着，安特生又在地表的土层石块中，看到了一些白色的破碎石英片。这里的石灰岩地区，按照常理，不应该有石英，这些石英片只能来自其他地方。是什么把这些石英片带到这里？风是吹不动的，水也不能往高处流，鸟兽也不可能……安特生不由地想到，会不会是远古人类把它们带到了这里？

这个想法令安特生兴奋不已，在这里，会找到至关重要的线索，捕捉到我们祖先的踪迹吗？

1926年，在一大堆动物骨骼的破碎残片中，出土了第一颗人牙化石。从安特生第一次到周口店考察算起，5年的时间过去了，这是周口店带给人们的第一个惊喜。

这颗人牙标本与那些动物化石是在同一地层中挖出来的，根据动物化石判断，在周口店发现的人类牙齿，距今也已有50万年的历史。这个时间再一次令人振奋。在当时，全世界还没有发现比50万年更早的人类化石。

四、东南亚，爪哇

在安特生到中国之前，荷兰人杜布哇为了寻找古人类化石，改头换面当起了军医，随着荷兰军队来到了东南亚。他在爪哇挖到了一个头骨，后来，又在同一地区发现了一块大腿骨。杜布哇将两者联系在一起，把这种生物称作"爪哇猿人"。他激动地认为，这种已经学会了直立行走的生物，就是我们的祖先。一些学者质疑"爪哇猿人"，认为它的脑容量太小，根本达不到人的标准；而且头骨和大腿骨并不是在同一地点发现的，因此有可能是错误的嫁接。再加上附近找不到任何石器工具，因此，在没有找到足够的证据之前，人们并不能十分肯定"爪哇猿人"的人类身份。

五、第一个"北京猿人"头盖骨

在周口店发现的虽然只是一颗人类牙齿，还有那些像是工具的石英片，但它们仿佛是在向人们暗示，数十万年前，曾经有一种原始人类生活在这里。这些细小的线索成为发掘人员的精神支柱，支撑着他们在这荒僻的小山岭里，一丝不苟地又发掘了4年。

1929年，更大规模的发掘又在周口店紧锣密鼓地开始了。这一年，周口店的工作已经改由毕业于北京大学地质系的裴文中负责。11月底，挖掘的面积逐渐收小，所剩的堆积物已经不多，当年的工作又快结束了。当发掘人员挖到距山顶30多米深，面积窄得不能再窄的地方，忽然又发现了一个小的洞口。裴文中系着绳子，慢慢地下到洞里，隐隐约约地看到洞底似乎遍布着大大小小的化石。别有洞天！会不会有意外的发现？这令人们兴奋不已。裴文中当即决定再干几天。裴文中再次来到洞中，借着昏暗的灯光，小心翼翼地搜索着。猛然间，他看到就在前方不远处的地面上，好像有一个半圆形的突起。他简直不敢相信自己的眼睛，泥土中竟是一个半露在外的头盖骨。远古人类终于露面了！那些散布在各处的破碎石片，就是这些原始人生前制造和使用的工具。这里，是"北京猿人"的世界。跨越数十万年的时光，我们在世代繁衍生息的土地上，第一次找到了与自己类似的生命！这是不是每一个中国人的祖先？还是意味着更多？

六、我们是"北京猿人"的后裔

对北京猿人的研究随即开始，头骨上的一些特征很快使人们想起了爪哇

▲ 北京猿人复原像

猿人，两者之间有很多相似的地方。在此之前，爪哇猿人一直不为公众认可，北京猿人的发现最终证明爪哇猿人是真实存在的。人类历史被毋庸置疑地向前推进到50万年前。

在东亚中国出土的北京猿人化石，成为最重要的一个证据，支持了人类起源于亚洲的观点。根据这个观点，亚洲是人类的诞生地，也就是说，我们都是北京猿人的后裔！这些古老的人类在亚洲东部经过了50多万年的进化，最终成为今天的你我！我们的祖先是北京猿人。

看起来，我们和北京猿人之间的关系简单明确，但这个理论似乎还有些不足。仔细看看北京猿人的模样，眉骨高耸、嘴部突出，跟你我有明显的差别。事实上，北京猿人与现代中国人的差异还很大，完全是两个不同的种类。如何证明两者有着前后继承的关系？

七、山顶洞人连接了北京猿人和我们

就在发现北京猿人头盖骨几个月后，裴文中带领队员勘查遗址的南部边界。无意中发现发掘区的西南部，还有一个洞口被浮土掩盖着。

就在这里，山顶洞人被发现了，这是不同于北京猿人的另一种古人类化石。简直令人难以相信，两个震惊世界的发现相距如此之近。地层年代显示，他们生活在距今约3万年前。也就是说，我们现在的模样至少在3万年前就已经定形了。这样一来，关于中国人的来龙去脉似乎变得更加清晰了：北京猿人——山顶洞人——我们，这就是发生在中国的故事。

有"人类起源于亚洲"的理论支持，又有古人类化石作证，"中国人本地起源说"应运而生。20世纪40年代，德国学者魏敦瑞提出，以中国人为代表的现代黄种人，是从北京猿人经山顶洞人进化而来。在当时，这是证据最丰富、最过硬的一种理论。学者们深信，只要对这些已经发现的人类化石做进一步的研究，就能够找到更加有力的证据。

八、战火中断了追溯祖先的路

然而，就在人们打算深入研究三者关系，找出他们彼此之间的紧密联系时，灾难降临了。

1937年日军发动全面对华侵略战争，初见成效的中国古人类研究工作也被迫中止。工作人员将周口店龙骨山发现的5个北京猿人头盖骨化石和肢骨、牙齿化石百余件以及山顶洞人的化石一起，精心包裹后装入大箱，秘密存放在当年悬挂美国国旗的北京协和医院仓库中，等待转移。

1941年12月初，两个大木箱被移交给了美国海军陆战队。12月5日，陆战队乘火车前往秦皇岛，计划3天内乘"哈里森总统号"军舰返回美国。然而3天后，日本突然对美进攻，发动了历史上著名的"偷袭珍珠港事件"。"哈里森总统号"刚刚启程，就被日本人击沉于长江口。化石箱是否在船上，无从考察。中国的古人类化石就此下落不明。直至今日，那些化石的去向仍旧是一个无人知晓的谜。

十多年来，北京龙骨山山洞里的点滴积累、全部收获，仿佛告诉我们：中国人的祖先就在中国。一些学者甚至认为，亚洲就是整个人类的起源地，北京猿人不仅是中国人的祖先，也是人类最早的祖先。然而，日本侵略的战火使这一切在一瞬之间化为泡影。这个消息令所有在周口店工作的人员扼腕痛心，同时也震惊了中国和世界：那些化石被认为是中国人的"老祖宗"；在那两箱化石里，有当时全世界最古老的人类历史。

龙骨山一带一片萧瑟，昔日的中国古人类的圣地，荒草没径，只留下断壁残垣。祖先的踪迹刚刚露出端倪，就又一次湮没进历史的尘埃；对人类起源巨大谜团的破解，初见成效就陷入了全面瘫痪。

九、中国，银川，水洞沟

银川，一座因历史文化悠久而闻名塞上的中国北方城市，黄河自南向北穿越城东，西边伫立着贺兰山。自古，这里便是少数民族游猎聚居、繁衍生息之地。他们的历史可以上溯到四五千年。然而实际上，在这片土地下所蕴藏的历史，远远不止几千年。而它所要告诉我们的故事，也远远超出了我们的预想。

▲ 神秘的宁夏水洞沟

在这里，断断续续的发掘已经持续了大半个世纪。早在数十年前，几乎是在人们对北京周口店产生巨大关注的同时，另一些欧洲的学者兼探险家就已经来到这里，找到了史前动物的化石和不少石制工具。这些发现，就像是一个明显的信号，提示人们：原始人类曾经到达过这里。

2004年9月，中国科学院古脊椎动物与古人类研究所的专家们又一次来到银川近郊的水洞沟。多年来，宁夏文物考古所的王惠民一直带队在这里进行发掘。野外考察发现，水洞沟的地层中，有河湖淤泥堆积的痕迹，说明这一带曾经温暖湿润、水草丰沛，是适宜各种动物和古人类居住生活的理想之地。猜测很快得到了证实。他们会在地层中留下什么样的秘密？在这里，

▲ 黄河的支流切开了这里的地层，渐渐冲出两岸陡峭的断崖，就在这些断崖剖面上，人们相继发掘出10余处密集的原始人类生存遗迹

会不会找到北京猿人与山顶洞人之间的过渡人种?

十、东非，猩猩

我们的故事就在这里出现了分歧。

生物学家达尔文曾在他的书中预言：现代人的祖先在非洲，这里生活着人类的近亲——大猩猩和黑猩猩。这启发了一些古生物学家，人类的祖先会不会也在这里出现呢？

在将近 30 年的时间里，英国人路易斯·利基和他的妻子玛丽辗转东非各地，寻找原始人化石。终于，在坦桑尼亚的奥都威峡谷，他们找到了一颗非常完整的头骨化石，当时，他们称这颗新发现的化石为"东非人"。经过测定，东非人生活在距今大约 170 万年前，比距今 50 万年的北京猿人要古老得多。在北京猿人独占祖先鳌头 30 年后，东非人将人类祖先的历史向前推进了 100 多万年！当时，人们没有在任何其他的大陆上发现过如此之早的古人类化石。整个世界沸腾了，古老的非洲大地，还蕴藏着什么惊人的秘密？

不久，就在出土的化石附近，人们找到了石器——这是人类活动的证明！有了这些 170 万年前的石器，东非人的始祖地位可以说是确定无疑了。

十一、东非人和北京猿人都是走向灭绝的人种

利基夫妇的儿子理查德·利基也酷爱考古，他继承了父母的工作，继续寻找史前人类在非洲的踪迹。在发现东非人后还不到一年，几乎在同一地点——奥都威峡谷一条干涸的河床边，理查德·利基发现了另一颗头骨化石。

这颗头骨的骨片比东非人薄，说明他的身体结构更加轻巧，而他的脑量则大了许多。显然，这是一种比东非人更进步的原始人，人们将其命名为"能人"。东非人与能人化石发现于同一地层，表明他们在当时是共存的，也就是说，170 万年前，东非人和能人同时生活在非洲大陆上。在进一步的对

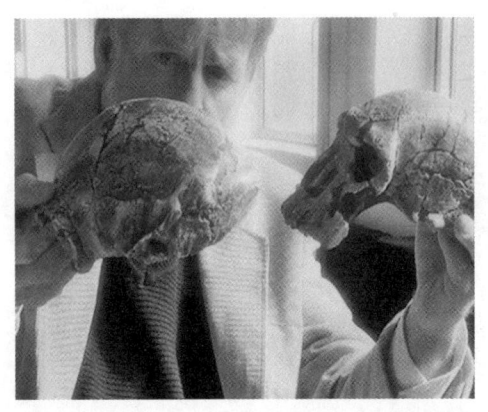

▲ 理查德·利基认为，北京猿人也跟东非人一样，应该是一个灭绝了的人种

比中，理查德·利基发现：东非人有许多特征过于原始，相比之下，能人头骨上的一些特征更接近现代人，他们更像是今天现代人的直接祖先。路易斯·利基最终得出结论：在进化链上，东非人很可能是一支走向灭绝的人种，真正延续下来的是能人。

更加惊人的观点接踵而至。理查德·利基将北京猿人与能人进行对比，发现北京猿人有很多特征也很原始，他过于外突的眼眶和头顶中部的突起完全不像现代人。也就是说，北京猿人跟今天的你我，根本没有关系！这是一个颠覆性的观点。难道我们一直认错了老祖宗？在东亚的土地上，究竟发生了什么？北京猿人是我们的祖先？抑或是我们祖先的食物？

十二、水洞沟发现类似欧洲的石器

我们需要来自东亚的新发现解答疑问。水洞沟的发掘会将你我祖先的历史带往哪个方向？

几个星期以来，这里的工作进展很快，在遗址2号地点的截面上，一幅古人类的生活画面已经渐渐显露出来。在一块大型动物的腿骨旁边，发现了人类用火的遗迹，表明这种动物是被人类捕获、取食后遗弃在此的。工作人员还发现了一种环形的细小石圈，这很可能是一种装饰物。它的出现表明，水洞沟的文化已经非常进步。除此之外，遗址中出现了大量的石片。虽然还没有找到人类骨骼的化石，但这些有明显加工痕迹的石制品，对古人类学家而言，同样是至关重要的发现。人类学会用两腿直立行走之后不久，就开始学着制造工具。石器，是我们祖先最早的发明，也是人类独特的标志。即便

▲ 北京猿人是世界上最早懂得用火的人种

▲ 这说明，在东亚，这种生产技术被一以贯之，一经发明便一直延续了下来

没有发现骨骼化石，通过石器，我们也可以看出不同地区的古人类处于怎样的一种生存状态。

在中国发现的原始石器制作得简易粗糙，似乎打出什么样子就是什么样子，没有什么规律可循。比较一下北京猿人的石器和山顶洞人的石器就会发现，虽然跨越了近50万年的时光，完全不同的两种人使用的工具却并没有什么太大的差别。在中国其他地区发现的石器也大体相似，虽然地层年代不同，但打制石器的技术却始终处在同一个制作水平。虽然还没有找到连接北京猿人与山顶洞人的过渡人种，但始终如一的石器证据却让人们推测：中国的古人类始终在这片土地上按照自己的方式生存着，山顶洞人的石器技术与北京

▲ 仅仅个把小时，工作人员找到的化石标本就摆成了一片

猿人之间并没有太大的差别，他们有可能是一直延续下来的。

然而，在非洲和欧洲，人们却发现不同阶段的古人类使用的石器有明显的区别，一级一级向前发展，从简单的砍砸到细致的打磨，再到更精致多样的几何形石器。

然而，在水洞沟遗址发现的石器中，新的情况出现了。除了那些一如既往的粗糙石器之外，似乎还有一些石制工具，与其他石器并不处在同一制作水平。这会是一些更加进步的石制工具吗？如果是，这些新型石器的出现说明了什么？是中国古人类也在进化旅途中创造了新的技术？还是暗示有带着新技术的其他人种来到了中国？

这是一个大胆的假设。王惠民凭着多年从事考察工作的经验，渐渐开始相信，你我的故事，不会像过去人们以为的那样简单。在祖先的世界里，很可能发生了一些难以解释的重大事件，就像多年前在中国南部的发现所暗示的那样。

▲ 欧洲石器的发展情况，同东亚中国差别很大

十三、中国柳江人暗示着什么

1958年，北京古脊椎动物与古人类研究所的工作人员到广西做野外考察。从有关部门得知，柳江县一个农场的工人发现了头骨化石！这个新发现

的头骨被称作"柳江人"。这是在近十年的时间里，除了一些石器地点之外，古人类学家们第一次在中国找到新的原始人类头骨化石。

头骨化石被带回了北京。通过对地层和动物化石的测定，人们得知，柳江人生活在距今六七万年到20万年之间。这个时期恰好处于北京猿人与山顶洞人之间。这又一次点燃了人们破解谜团的希望：在这个头骨上，会不会保存着某些过渡特征？柳江人会不会就是人类族谱中那个重要的缺失环节？

柳江人的脑颅，看上去十分圆隆，这表明他们脑量增大，应该比北京猿人更聪明。在柳江人的后脑勺上，有一块轻微的突起，形状像是一片扁馒头。这种构造在中国发现的其他头骨上从来没有出现过。令人不解的是，在欧洲，尼安德特人头骨后部也有同样的突起。这个结果无异于把研究工作推进死胡同。因为在欧洲，尼安德特人也被认为是一个灭绝了的人种。在法国发现了新的古人类化石——克罗马农人，结构特征比尼安德特人更像现代欧洲人。如果尼安德特人是一种灭绝了的人种，那么兼具它和北京猿人特征的柳江人又会有怎样的命运呢？

克罗马农人： 距今3万年前出现在欧洲大陆的一种寿命不长，智慧较高的早期人类，体质形态基本上和现代人相同，属于晚期智人。在中国，属于这一阶段的人类化石有北京周口店的山顶洞人、广西的柳江人、内蒙古的河套人、四川的资阳人等。虽然他们都属于晚期智人，但在体质形态上存在着较大差异。

一时间，人们不禁迷惑了，在中国古人类的世界里到底发生了什么？这些陆续在脚下出土的原始人化石，接连受到不同程度的质疑，他们到底是不是你我的祖先？

十四、水洞沟石器的质疑

经过对水洞沟一个多月野外发掘采集到的标本和石制品进一步的清理，人们发现，在大量同等制作水平的石器中，确实存在着加工技术更进步的新型石器。它们酷似在欧洲和非洲发现的第三阶段的石器。很多老师傅都说，这些石器跟欧洲的几乎别无二致。

如果真是这样，它们会给东亚地区的古人类带来怎样的命运？这不由得让人想起了那些在非洲和欧洲的发现。在非洲，东非人和能人曾经并存，最终更先进的能人取代了东非人，使这种原始人走向灭绝。同样，在欧洲，尼安德特人也被认为不是现代欧洲人的祖先，他们被拥有更先进石器技术的克罗马农人取代了。由此及彼，北京猿人会不会也遇到了一种更先进的生命？

> **千禧人：** 特指在2000年千禧之年发掘的原始人——图根种人，距今约600万年。由于无法归入现有任何属种，因此定名为"原始人图根种"。千禧人已具备了强健的下肢，可直立行走，这说明他们已具有原始人类的主要特征。

在整个20世纪50年代，科学家们没能在中国找到连接北京猿人和山顶洞人的古人类化石，却接二连三地受到了来自非洲和欧洲的挑战。在亚洲东部，前50万—前3万年，到底发生了什么？在我们脚下的这片土地上，是不是还有真正的过渡人种尚未被发现？或者像东非人和尼安德特人暗示的那样，在北京猿人的世界里，也发生了一些出乎意料的重大变故，使得中国古人类的进化之路，出现了完全不同的另一种可能？

在利基家族发现东非人和能人之后，非洲大地接连引爆惊人发现：1974年，在埃塞俄比亚发现"露西骨架"，距今约330万年；20世纪末，发现地猿和千禧人，距今约500万—600万年；2002年，在中非找到乍得人，可以上溯到距今700万年以前。因此，古人类学界公认，人类最早的雏形出现在非洲。中国银川水洞沟遗址找到的新型石器似乎也令人猜测，会不会真有带着新技术的其他人种来到了中国？而他们才是我们真正的祖先？答案似乎越发扑朔迷离了。

十五、非洲的伊甸园

如果真的有一种更进步的生命，取代了各大洲的原住民，那么，今天世

▲ 白种人、黄种人、黑色人种和棕色人种的差别一目了然

界上生存的人群应该都来自同一个祖先，他们应该长相相似。可事实是：目前各大洲的人差异显著，这不正是他们在各地独自进化的结果吗？

仅仅依靠数量有限的古人类化石，似乎已经难以圆满解释我们来自何方这个疑问了。人们将目光转向新兴的基因学研究领域。基因隐藏在生物体内部，它是世间万物之间之所以有区别的最本质的原因。各大人种的基因是不是有明显的差异？如果有，就能从根本上确定，他们完全是不同的类型，因此也应该是在各处独立进化的。

基因学： 关于基因研究的学科。现代遗传学家认为，基因是具有遗传效应的 DNA 分子片段，不仅可以通过复制把遗传信息传递给下一代，还可以使遗传信息得到表达。不同人种之间头发、肤色、眼睛、鼻子等不同，是基因差异所致。人类只有一个基因组，大约有 3 万个基因。

十六、外国的基因学家告诉我们什么

基因学家理查德·莱旺廷深信现代四大人种起源不同。

他想做一个基因分析试验，以此来证明多人种理论的正确性。他收集了世界各大人群的基因样本。然而，分析结果显示，这些来自世界各地的人身体中 85% 的基因变异竟是共有的，能够彻底区别开来的差异只有 8%，根本不足以作为划分人种的依据。这个结论说明：今天分散在世界各地的现代人并没有本质上的区别，是同一种人。这个观点带来的爆炸性影响是可想而知的——在皮肤底下，人类其实很相似！

十七、人类共同的母亲——"非洲夏娃"

20 世纪 80 年代，美国夏威夷大学的遗传学家康恩找到了一种非常特殊的

> **线粒体**：线粒体是一种存在于大多数细胞中的由两层膜包被的细胞器，直径在 0.5~10 微米。线粒体拥有自身的遗传物质和遗传体系，是细胞内氧化磷酸化和合成三磷腺苷的主要场所，为细胞活动提供能量。此外，线粒体还参与诸如细胞分化、细胞信息传递和细胞凋亡等过程，拥有调控细胞生长和细胞周期的能力。
>
> **基因突变**：指基因组 DNA 分子发生的突然的、可遗传的变异现象。通常发生在 DNA 复制时期，即细胞分裂间期，包括有丝分裂间期和减数分裂间期。基因突变是生物进化的重要因素之一，所以研究基因突变除了本身的理论意义以外还有广泛的生物学意义。

物质——线粒体。

线粒体 DNA 只能通过母亲传给女儿，并会产生突变。每次突变都留下微小的标记，标记越多，历史就越古老。康恩和她的研究小组发现，拥有最原始标记——在骨骼形态上跟你我一样的现代人，最早出现在非洲。康恩还发现线粒体突变有相对固定的周期。通过计算能够得出第一位人类女性诞生的时间。1987 年，第一个关于人类线粒体的研究成果在《自然》杂志上发表了。在论文中，康恩和威尔逊提到："可以设定所有这些线粒体 DNA，共同起源于一个 15 万年前生活在非洲的女人。"

十八、中国的基因学家明确地告诉我们

上海复旦大学的基因学家金力教授对这个过于绝对的学说难以信服。他认为，"非洲夏娃说"的支持者们对东亚地区的研究并不深入，这使得关于中国人的来龙去脉多少显得有些含糊不清；另外就是"非洲夏娃说"赖以存在的基础——线粒体 DNA 有一个缺陷，就是它的突变率太高，分析的时候容易产生一定的错误。

相对于"夏娃"，这是一次寻找"亚当"的旅程。金力和他的合作者选择了男性。在男性体内，有一片特殊的 DNA，就是只能通过父亲传给儿子的男性 Y 染色体。相比于线粒体，Y 染色体更具检测优势。Y 染色体特别长，有 6000 万个碱基；而线粒体 DNA 很短，只有 16000 个碱基。因此，可以在 Y 染色体上找到比线粒体 DNA 多得多的位点。同时，Y 染色体上携带着一个重

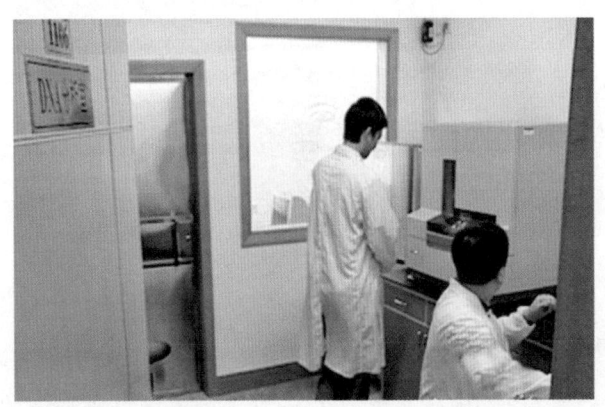

▲ 金力教授决心要填补基因领域在东亚留下的这个空缺

要的、无规则的突变——M168。

金力教授在中国不同省份和地区的人群中收集到了1万多份基因样本。与此同时，非洲、欧洲、美洲和澳洲的基因学家也已经分别广泛地采集了标本。然而，除了东亚，各大洲的Y染色体标本中都发现了M168，而且最早也出现在非洲。难道"亚当"和"夏娃"这两个来自生命内部的路标，真的都指向非洲吗？关键就是中国男人Y染色体中有没有M168。如果在东亚的标本中找到一个反例，那么在东亚中国，就有着另一段关于人类进化的故事。一切，都取决于那1万份标本数据的最终统计结果。

▲ 中国基因学家的试验结果也明确地告诉我们：人类的伊甸园在非洲

万万没想到，在将近1万多份中国男人的标本当中，都发现了M168突变体。结论再一次引起了全球轰动。没想到金力教授在东亚中国进行的基因研究竟成为支持"非洲起源说"的一个最强有力证据。至此，基因领域的研究达成一致——非洲，就是全世界现代人的发源地。现代四大人种源出一处，有共同的非洲先祖。

十九、对"非洲起源说"的质疑

如果真是这样,我们的祖先是怎样从非洲来到中国的?

1. 人类的祖先为什么要离开非洲

科学家结合古环境和古气候学的知识,做了某种假想,为我们隐约描绘出这段历史:

15万年前,地球正处于冰河时期,冰帽逐渐扩张,海平面下降了133米。北非除了几处绿色小岛全是广袤沙漠。岛上聚集了许多人类小群落,他们是现代人类的祖先,在体格、智力和能力上都和今天的人类相似。地球再度降温,地球上的水全都结成了冰,饮用水枯竭,人类的祖先生活异常艰难。伴随着人口膨胀,必须寻找新的生存空间,于是他们开始走出非洲。

2. 人类的祖先沿着什么样的路线到了其他大陆,又是如何来到中国的

"非洲起源说"认为,人类的祖先从非洲出发经过中东到达东南亚,再向北进入中国南部,最终遍及东亚。

美国科学家韦尔斯认为,大约五六万年前,人类的祖先沿南部海上路线离开了非洲,从吉布提到今天的也门,从东非大裂谷一直通向南亚海岸,这是一条最容易走的路线。他们来到南亚,分为两支,一支到了澳大利亚,另一支进入东亚。上一个冰川期结束,北半球的气温开始回升,潮湿和较充分的降雨,使撒哈拉沙漠的面积缩小,通向红海的大门被打开了。又一批人类的祖先离开了非洲北部,进入中东,然后流向中亚、欧洲,其中的一部分再次到达东亚。就像一双钳子,人类的祖先是从南、北两个方向从非洲来到东亚定居的。在距今大约35000年前,从东南亚迁徙到内陆的海上移民与刚刚越过天堑的北方人群在中国相遇了。人类的祖先还通过白令海峡到达了美洲。

▲ 到距今1万年前,除南极洲外,人类的祖先占领了地球的每一块大陆　　▲ 东非大裂谷,全世界最大最长的一道天堑

就这样,一部波澜壮阔的迁徙史诗被描绘出来了。这个理论连贯、紧密,颇为吸引人。它迅速风靡全球,成为解答现代人起源的主流观点,到20世纪末,绝大多数学者已经是"非洲起源说"的支持者了。

3. 北京猿人是如何被山顶洞人取代的

"非洲起源说"认为,人类的祖先在非洲出现后,开始向其他大陆扩散,具体到中国,就是山顶洞人彻底取代了北京猿人,成为今天的你我。

但是,这种取代又是怎么发生的?在山顶洞人到达中国之前,北京猿人的后代已经在这里生活了几十万年,对环境更熟悉,更有生存经验。是什么原因让北京猿人走向灭亡?

"非洲起源说"有一种想象是极其残忍的——为了争夺更适合生存的领地、食物、水源、火种等,新旧人种之间展开了激烈的争斗。

早在北京猿人头盖骨发现不久,德国学者魏敦瑞就注意到,在这些化石头骨上有许多伤痕和裂缝。随后,中国专家贾兰坡提出了一种猜想:北京猿人遇到了更强大的对手。然而,关于这种猜想的考古证据似乎并没有太大的说服力。

"非洲起源说"的另一种假设把我们带到大约35000年以前,这时北京

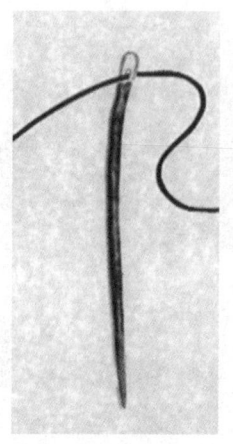
▲ 在山顶洞人的居住地发现了骨针

▲ 用骨针穿上软筋，就可以缝制兽皮。这是极具想象力的创造

猿人已经进入旧石器时代后期，他们是强壮、聪明，适应力极强的人种。他们掌握了一项至关重要的生存技能——人工取火。这项发明彻底改变了北京猿人的生活。火可以保暖，寒冷恶劣的生存环境已经不是最大的威胁；熟食使北京猿人的体质得到增强，也使他们有更长久的耐力去获取食物；面对猛兽，北京猿人既是掠食者也是对方的猎物，火帮助他们远离危险。然而，北京猿人赖以生存了数十万年的长处也成为弱点，自给自足使他们看不到正在一点点逼近的威胁。他们的后代越来越适应环境，也越来越没有新的重大突破。

　　山顶洞人来到此地，北京猿人的支配地位开始受到威胁。山顶洞人有一样武器，威力胜过北京猿人所有的发明，那就是头脑，他们有新想法，会使用工具和头脑达到目的。而北京猿人所倚重的只有肉体的力量。他们缺乏想象力，语言能力也很有限，这使他们无法与其他地区的同类联系，变得孤立和封闭。北京猿人后裔的生活则像他们的头脑一样，几十万年来没有更新的进步。对于北京猿人来说，不光是一个人的生命受到威胁，整个种群已经开始面临僵局。北京猿人的后代们已经不可能挑战山顶洞人，他们败下阵来，人数不断减少。当最后一个北京猿人死亡以后，这个地区留下了唯一的人种——最早的中国现代人山顶洞人。你我就是这群人的后代。

这一种假想符合这个世界物种进化的法则——自然选择、适者生存。发生在欧洲的情况似乎也印证着这种假设：尼安德特人和克罗马农人于35000年前在西欧共存，他们共存了1000年或者最多2000年，最终，代表欧洲现代人的克罗马农人取代了尼安德特人。

然而，在中国，似乎还有一些特殊的情况。从20世纪70年代后期开始，科学家们使用新技术，从另一个角度在周口店对北京猿人和他们的生存环境进行研究。结果显示，北京猿人最早是在50多万年前住进后来发现他们的山洞，最后在20多万年前离开了这里。如果像"非洲起源说"说的那样，山顶洞人是在大约4万年前到达中国北部地区，那么当他们到达时，周口店已经杳无人烟长达十多万年了。山顶洞人到底有没有见到北京猿人？目前，化石发现也存在一个断层，在周口店猿人洞里没有发现晚于25万年前的化石。如果没有新的发现来填补空白，那就很难说山顶洞人在这里遇到了北京猿人。

对此，"非洲起源说"提出了第三种假想：这两个人种并未碰面，在人类的祖先到达中国之前，北京猿人的后代早已被极度寒冷的冰期气候灭绝了。当环境重新变得温暖宜人时，山顶洞人带着更高一级的智慧开始了新的关于中国人的故事。

然而，这种假说仍然难以解释发生在东亚中国的情况。在地球经历的最近一次冰河期间，世界上的许多地区都已经为冰雪覆盖、万物凋败。但中国的化石证据却表明，与欧洲、非洲不同，当时整个中国的气候并没有冷到使人无法生存。这样一来，关于山顶洞人取代北京猿人的几种假设就变得有些互相矛盾，在欧洲站得住脚的克罗马农人取代尼安德特人的说法，在中国却遇到了阻力。似乎没有一种假设足以令人信服地解释发生在东亚的故事。

人类"非洲起源说"对种种质疑所提出的种种假设，似乎都解释不了发生在东亚这片土地上的故事。中国人从哪儿来？化石考古专家们深信来自大地的答案。

化石考古专家们在东亚地层中继续寻找新的证据，连接起原始人类与现代中国人之间那一段巨大的空白。新的发现表明,原始人类在东亚中国的故事,似乎有了一些不同的新内容。

二十、巫山,点燃了希望

巫山县,长江边上的一座小城。2005年秋,中法两国合作考察巫山地区原始人类遗址的活动开始了。经验丰富的中国古人类学家黄万波是第一负责人,这已经是他在巫山龙骨坡考察的第20个年头。

这天,一个老乡提着一口袋石头,匆匆地来到研究所。这些石头是前一天刚刚找到的,地点就在距离研究所几千米以外的一个山坡上。

▲ 这个山坳,被黄万波命名为龙骨坡

▲ 这是一个已经塌了顶的溶洞,洞底深近20米

▲ 黄万波和队员们用绳索连接起两副木梯,一手拉绳,一手扶梯沿着垂直的洞壁来到了遍布青苔的洞底

第二天一早,根据老乡提供的线索,黄万波带着队伍来到了这个山洞。黄万波决定,先尝试性地挖掘一下,探探这里的埋藏情况。没想到,只过了几分钟就有了发现。随后各种动物的骨骼化石陆续出土。

这实在有些令人喜出望外,没想到这里的古生物化石如此富集。有这么多种类的动物曾经在这里生活,说明远古时期,这里的环境非常适宜物种生存。除了这些动物之外,会不会还有更先进的生命存在?

二十一、猜想,来自蓝田

多年来,在黄万波的心里始终有这样的猜想:在南方还有更早的古人类化石。这个猜想来自一次在陕西蓝田的发现——1964年,在这里发现了古人类化石和石器,经测定,距今有115万年。

蓝田猿人和北京猿人处在同一个进化阶段,但时代却早了一倍以上,这使中国的古人类学家们大胆猜想:在中国,能不能找到更早的古人类化石,直接挑战人类的非洲起源说?如果有,又该到哪里去找呢?

▲ 蓝田猿人来自南方,正是这个大胆的假设推动着黄万波,让他把寻找祖先的目光聚焦在中国南部

▲ "非洲起源说"认为,是恶劣的环境和急剧膨胀的人口,导致人类的祖先离开非洲,远征世界

伴随着蓝田猿人化石一起出土的大量动物化石，有几十个品种。在仔细研究后，黄万波感到有些疑惑：为什么这些动物品种，几乎都是生活在南方的种群呢？另外，从蓝田遗址的地质剖面来看，在距今100多万年以前，那一带是黄土构造，根本不适合原始人类居住！

一个全新的猜想在黄万波的脑海中诞生了：蓝田猿人的故乡可能不在陕西，他们很有可能是在某一个时期，从秦岭以南迁移过来的。果然，在蓝田猿人发现后不到一年，在云南省元谋县出土了两颗人类牙齿的化石，后来又找到的石器证明，元谋猿人生活在距今170万年前。这是一个令人激动的数字，它把中国古人类出现的时间又往前推进了。

这个发现也再一次坚定了黄万波的决心：他要在中国南方寻找更早的人类祖先。

二十二、龙骨坡的答案

十多年的时间过去了，长江流域的深山峡谷曾经一次又一次地带给黄万波希望，又一次次地令他失望。

如今，顺着老乡提供的线索，在巫山这一处重要的发掘地点已经发现的动物化石，对于这些经验丰富的古人类学家而言，就是最令人振奋激动的暗示。那些动物是非常古老的品种，它们的生存年代远远超过北京猿人，甚至比目前公认的中国最早的原始人——距今170万年的元谋猿人还要久远。这个时间所带来的诱惑是难以抵挡的，在那时，除了这些动物之外，会不会还有更进步的、类似人类的生命？如果在中国南部真能找到比非洲原始人更古老的化石，人类诞生的故事，又将出现一个新的开始。黄万波坚信，龙骨坡会提供答案。

令他如此执着的，还有一个原因。多年前，就在这里的地层中，黄万波曾经挖出过一段像是属于人类的下颌骨化石。然而，自它出土之日起，争论就始终没有停止过。人们怀疑它是否真的属于人类，也许这是某个古猿的下颌？而且，除去这一小块骨骼化石之外，黄万波再也没有找到其他部分的骨骼化石，也没有找到其他间接的证据，因此，人们既无法确定它的真正归属，也无法肯定它的生存时代，曾经生活在巫山的这种生物到底是什么，也就成了一个无法解答的谜。这个谜在黄万波心里

▲ 波伊达是法国著名的古生物学家

已经封存了十几年，而这位古人类学家却始终坚信，谜底总有一天会揭晓。黄万波计划着下一步的正式发掘。

考察工作顺利进行着。人们在巫山龙骨坡确定了两个发掘地点，细致地往下清理，不放过地层中任何一点零星的线索。这一天，新的情况出现了。法方负责人波伊达教授迅速来到了地势较高的2号发掘地点。然而与以往不同，这些骨骼化石的分布情况很不寻常。它们有大有小，横七竖八，毫无规律却又很密集地散布在不到3平方米的一小片区域里。只需粗略的观察，经验丰富的专家就可以发现：这并不是一副完整的动物骨骼，而是各种食草动物的肢骨。显然，它们不是在这里自然死亡的，这些动物应该是被有选择地带到了这里，取食后又丢弃在此。是谁制造了这一幕场景？一切都将人们引向那个猜测：只有原始人类能做到这一点，他们曾经就在这里生活。

更重要的东西出现了——在这片化石遗迹的一个角落，人们发现了一块有明显加工痕迹的石块。如果这是石器，那么就找到了人类身份的最好证明。更多的发现随即而至，在地势较低的1号发掘地点陆续出土了大量的石制品，有了这些证据，龙骨坡带给人们的悬念将很快揭晓。

巫山到底有没有原始人？如果有，他们又生活在什么时代？这一次，会找到中国人从哪来的答案吗？黄万波和波伊达对石制品进行进一步的确认，他们反复研究着眼前的石块，或许他们正在触摸的就是世界上即将诞生的又

一个奇迹……

通过对地层勘测数据的进一步分析,初步结果出来了。波伊达说,在长江流域的巫山地区,的确生活着一种更古老的原始人类!虽然他们的年代还不足以挑战非洲最古老的人类化石纪录,但它却让人们从另一个角度重新开始思索东亚地区的古人类演化。现在,问题的关键是,这些更早在中国出现的原始人,是一直延续了下来,逐渐进化成今天的人类吗?

黄万波将目光扩散到巫山人所在的整个长江大三峡流域,他发现几十年来,这一流域出土的古人类化石,已经渐渐在时间上连成了一条线;同时深山峡谷的险峻地貌,似乎成了一道天然的屏障,既为原始人类提供安全的栖息场所,也有力地阻止了外来文化的入侵。这不正是原始人类始终在这一区域生存的证明吗?

二十三、东亚地区的人类是"连续进化"的

龙骨山的答案呼应了另一位中国古人类学家的发现。

这年,中国的古人类学家吴新智撰写了一篇论文。这篇论文中的观点,

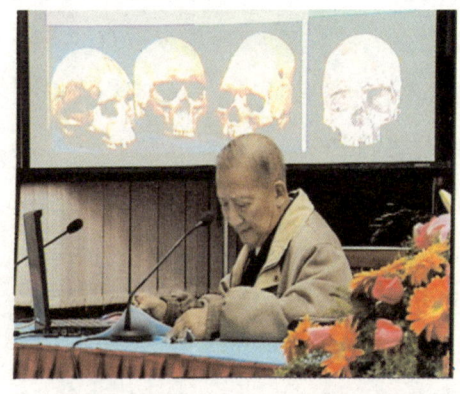

▲ 吴新智,中国科学院古脊椎动物与古人类研究所研究员,中国科学院院士,主要从事古人类学调查、发掘和研究

▲ 吴新智发现:中国的古人类化石并没有按着时间先后,一级一级向前跃进,而是原始与进步并存,自始至终彼此交错,渐渐模糊地过渡

早在多年以前就已经成形。不过近年来陆续出现的中国古人类化石，又使这位古人类学的权威学者产生了一些不容忽视的新想法。将目光从长江流域扩散到整个中国，中国古人类化石出土的地点和数量已经越来越多。这些化石，有的比北京猿人早，有的介于北京猿人与山顶洞人之间。

吴新智将在中国发现的各种古人类化石逐一进行对比，发现他们的各种骨骼特征彼此交错、界限模糊，很难截然分开。和县猿人头骨像北京猿人一样原始，脑量小、眉骨高，但他的眼眶向后缩进，程度接近现代人；资阳猿人头骨距今3万年，脑量接近现代人，但他却像北京猿人一样在前额头上有一条突起的脊，而且眉弓也很发达；在大荔、郧县和其他各个时间段的头骨化石上，原始与现代的特征同时并存。

问题的关键出现了。过去，人们一直以为人类进化是阶梯式的，在北京猿人与山顶洞人之间，应该有"过渡人种"，但实际情况却是在这两者之间根本没有典型的过渡环节，人们很难找出绝对的标准，将古老的原始人与进步的现代人截然区分开。

如果像基因说认为的那样，中国的原始人被来自非洲的现代人完全取代了，那么在中国发现的古人类化石为什么没有呈现截然不同的两种进化阶段？为什么在进步的现代人化石上，还能找到原始的痕迹？

除了骨骼化石之外，石器方面的证据似乎也表明了新的情况：在中国，除了水洞沟等个别地点以外，绝大多数地点出土的石制工具都很原始，制作水平与北京猿人的石器属于同一个模式。如果使用先进技术的新人种真的占据了整个中国，为什么他们的技术没有普及？为什么在中国已经发现的上千处石器遗址中，99％都处于最原始的模式？即便在水洞沟遗址中找到了制作类似欧洲的比较先进的石器，但同时出土的仍然是大量原始模式的石器文化？这说明，新的文化并没有给这里带来实质性的改变。

据此，中国的古人类学家提出了自己的观点：东亚地区的人类是"连续进化"的。在他们的进化过程中，没有发生取代。

二十四、几大人群从祖先时期就保持着基因交流和融合

吴新智还发现,在中国沿海发现的广东马坝人和广西柳江人头骨化石同时兼有东亚北京猿人和欧洲尼安德特人的特征,这是不是表明,东西方之间在很早就已经有了基因交流?这个大胆的设想期待着更多的证据。

1990年,南京汤山镇政府开采附近的雷公山时,无意中发现了一个洞穴。就在这里,人们找到了南京猿人头骨。经过对比发现,"南京猿人"的性状和北京猿人差不多,但在代表壮年男性的2号头骨上,发现了一些新特征,初步确认有西方血统。另外,在云南丽江人和四川资阳人的头骨上也跟广西柳江人一样,有类似欧洲原始人的特征。在山顶洞人的一块头骨化石上,吴新智也发现,他的颧骨有西方人常见的特征。这些不正是古代东西方人群之间基因交流的一种证明吗?水洞沟遗址中那些较进步的石器工具,在中国的石器模式中十分罕见,不恰恰可以看成是东西方之间偶尔进行的一次技术交流吗?

在众多的化石证据面前,关于东亚地区古人类进化的另一种假说得到了完善:中国的吴新智、美国的沃尔波夫、澳大利亚的桑恩联名提出"多地进化附带杂交"的新学说。具体到中国——你我的祖先是世代在这片土地上繁

▲ 在这个柳江人头骨化石上,人们没有找到连接北京猿人与山顶洞人的过渡特征,却发现了一些欧洲尼安德特人的典型特征

衍进化的，同时他们与西方的人群之间，不断地进行着基因交流。

至此，"非洲起源说"和"多地进化说"都为我们祖先的故事找到了各自的解释。化石与基因，两种手段，两个方向，它们此消彼长，似乎都还在各自完善中。目前，基因说是主流，这个理论完整、大胆，颇为吸引人。但遗憾的是，基因与化石并没有完全吻合。尤其在中国，那些最直观的证据恰恰不能呼应那些最绝妙的设想。

我们是谁，又来自何方？这是人类从首次仰望星空开始就一直被深深困扰的问题。在一个多世纪的时间里，古人类学家用化石连接起人类长达六七百万年的历史；遗传学家则在血液里追踪现代人征服世界的足迹；或许不久以后，他们会彼此携手，更加完整地告诉我们关于自身进化的来龙去脉。不过，有一点可以肯定：地球正在缩小，人与人之间的差别也将渐渐缩小，人们正越来越紧密地联系在一起，不管是因为我们在更加频繁地交流，还是因为我们本来就同出一处。

河北省新乐市，古称新市，地处华北平原。相传远古时期，人文始祖伏羲曾在这里生活。

相传农历三月十八是伏羲的诞辰日，每年新乐何家庄都要举办庙会和庆祝活动。

一座古代高台式建筑在节日的喧闹中默默伫立，这就是伏羲台。庙会像个大集市，人来人往，商贾云集，但是最重要的活动是人们走上伏羲台，虔诚地朝拜祭祀。

伏羲东来

一、传说与遗迹

新乐自古就流传着关于伏羲的传说，在百姓心目中，伏羲不只是人们敬仰的始祖，更具特别的传奇色彩。

相传当时洪水滔天，唯有伏羲、女娲得以幸存。他们乘坐一只大葫芦随波逐流，漂到一处土岗停了下来，弃舟登岸，开始了新的生活，土岗因此叫葫芦头，这个地方就是现在的新乐。

洪水退去，大地荒芜。伏羲和女娲在这里结婚成家，生儿育女，繁衍后代。传说他们的孩子出生时裹在肉团里，伏羲用"刺孩草"的叶子划开肉团，小生命才呱呱坠地。

除了这些传说故事，新乐还有很多历史遗迹，当地人认为，它们都与伏

▲ 伏羲女娲藻井

羲有着千丝万缕的联系，是伏羲在这里生活的证据。

2006年的一天，距何家庄20多千米的新乐市旧址，文物管理所的工作人员在承安镇中学操场北面的一座清朝庙宇遗址，发掘出一块石碑，石碑上刻着两个字：景羲。

原新乐文物管理所所长相振稳说："院里有非常大的柱础、碑刻。这处清朝建筑遗址原是一座学校，'景羲'是它的校名，表达了新乐人对伏羲的思慕、敬仰。"

新乐旧县志里有当年书院及文庙等建筑群落的手绘平面图。

新乐市的一些古老地名，也受到伏羲的影响。地方志记载，新乐市的南城门叫作"景羲门"，寓意出门几千米便是伏羲台。而"羲台晓

伏羲：又称为宓羲、庖牺、皇羲、太昊、伏牺，是中华民族人文始祖之一，发明创造了八卦，成了中国古文字的发端，从此结束了"结绳记事"的历史。

三皇五帝：历史上关于三皇五帝说法不一，现在流传最广的说法是：伏羲、神农、黄帝为三皇；少昊、颛顼、帝喾、尧、舜为五帝。他们是中华上古最杰出的首领代表，也是中华民族的祖先。

日"则被列为古代的新市八景。

"自从盘古开天地，三皇五帝到如今"，是许多传统曲目的开篇。今天，通过"夏、商、周断代工程"，已经确认中国4000多年的文明历史。虽然还有争议，但三皇五帝中的黄帝、炎帝早已被炎黄子孙公认为中华民族的始祖，是他们开启了中国5000年的文明历程。

但是当我们把目光投向更遥远朦胧的历史深处，伏羲，传说的三皇中的第一人，他真的存在过吗？他所代表的伏羲时代，又是什么样子？

相振稳是土生土长的新乐人，作为一位文物工作者，对于伏羲的研究探索，他感到有义不容辞的责任。

相振稳把目光投向了伏羲台。如果弄清楚它的历史渊源和来龙去脉，也许能够解答人们长久以来的疑问。

伏羲台又称为"人祖庙"，其主体建筑坐北朝南，分布在一条中轴线上。这条中轴线上的所有建筑，都建在高5米左右的夯土台上，并且层层加高，形成高低错落、重点突出的布局。

伏羲台从南至北，依次为六佐殿、龙师殿和寝宫。新乐曾多次遭遇战乱，伏羲台原始的建筑大多被毁，曾多次重修。今天看到的庙宇和殿堂，大多是20世纪90年代重建的。

伏羲庙中的六佐殿，原名十王殿。一根柱子的顶端，刻有"元大德五年三月，瓦刘三"的字样。据此，人们判断十王殿是伏羲台现存建筑中最古老的部分。现存的梁架大部分是元朝遗物。它的独特之处在于，正脊的花饰突破了一般的北方建筑特色，其表现手法突破了官方所规定的式样，带

▲ 伏羲像（洛阳西汉卜千秋墓壁画）

▲ 伏羲庙牌坊

有浓厚的民间风格，古朴大方，十分罕见。这座建筑的梁架大木为自然型材，不加斧凿，四根金檐柱用当地山石制造，形状为不等边八角形，坚固耐久，古朴壮观，具有粗犷大气的元朝风格。

调查发现，伏羲台上下三层台，用夹砂黄土罗叠堆积而成。第三层台呈不等边的八角形，又称八卦台，传说伏羲"始画八卦"于此。伏羲台总高约27米，方圆十几千米内都可清晰地看到其主体建筑。

历史上，伏羲台曾被称为羲台城、伏羲城、古野台和义台。《括地志》中曾经记载："野台，一名义台，在定州新乐县西南六十三里。"相振稳认为所记载的，正是今天的伏羲台。翻阅史书，在《史记·赵世家》中，相振稳又找到相关记载："十七年，王出九门，为野台，以望齐、中山之境。"是说公元前309年，赵国国君赵武灵王穿过九门，登上野台，远望齐国和中山国。如果这里的"野台"指的也是伏羲台，那么就可以得出这样的结论：早在战国中期，伏羲台就已经存在了。新乐本土的专家、学者都持同样观点。

但是，中国社科院历史所的研究员宫长为对"野台"有着不同的看法。

他认为赵武灵王所登的野台，不是今天新乐的伏羲台。

古代典籍中，关于新乐伏羲台最早也最可靠的记载是《魏书·地形志》书中记载："新市、二汉、晋属，有蔺相如塚、羲台城、新市城"。从这里我们可以找到伏羲台最迟的建成年代——汉朝。

但这个答案不能解释人们心中的疑惑。汉朝，与传说中的伏羲时代相隔了几千年。司马迁的《史记》里，详细记载了黄帝和炎帝的事迹，但对于伏羲，却语焉不详。个中原因，已无从得知。也许2000多年前，人们对伏羲就有了和我们一样的困惑。

清朝嘉庆二十四年（1819）的"重修伏羲庙记"石碑上，记载着当年的修缮者这样的感慨："创建者不知始于何时，鼎新者不知历更几代"。

二、考古中的发现

2001年的一个清晨，几位何家庄的村民正在伏羲台围墙以南的空地上挖坑植树。突然，一位村民手中的铲子碰到了什么，他跳下土坑，小心扒开泥土，一件陶器露了出来。一同植树的村民也陆续挖出了一些陶器残片和建筑构件。得知消息后，相振稳立即赶到了现场。

经过整理发掘，发现伏羲台台基周围及周边地带1米多的浅表地层存有商周、战国、汉朝早期灰陶、夹砂灰陶。还发掘出不少带有云纹、回纹等纹式瓦当等建筑构件。其中，大量带有粗细绳纹的夹砂灰陶和灰褐陶具有重要的断代意义，它们的材质和花纹代表了典型的商周时期文化特征。直到今天，这样的粗陶残片在这里的地面上仍然随处可见。

2001年的这次发掘，将伏羲台的年代上推到了商周时期。这个结果令相振稳兴奋不已。从地下出土的陶片和建筑构件来看，在商周时期，伏羲台一带就已经有比较密集的居住区和大型建

> **灰陶：** 新石器时代出现的一种灰色陶器。陶土中含有一定量铁的化合物，能降低陶器的烧成温度，在不同的烧成气氛中，能使陶器呈现各种色泽，灰陶即是在弱还原气氛中烧成的，是烧成中比较进步的工艺技术。

筑物。

离伏羲台不远处，是南水北调工程的中线引水渠道石家庄段。

正是这条水渠的修建，使新乐伏羲台的历史脉络逐渐清晰起来。

新乐所在的地区，古代隶属于冀州，战国时期，这里位于中山国的境内。曾经高度发达的社会经济生活和连年不断的战乱，使得新乐境内留下了丰富的文物遗存。

> **南水北调工程：** 是缓解中国北方水资源严重短缺局面的重大战略性工程，分东线、中线、西线三条调水线。西线工程在青藏高原上，地形上可以控制整个西北和华北；中线工程从长江支流汉江中上游的丹江口水库引水，自流供水给黄淮海平原大部分地区；东线工程位于第三阶梯东部，因地势低需抽水北送。

和当年的三峡工程一样，南水北调工程也催生出一场文物大抢救。2006年初，当这段引水工程即将开工前，中山大学人类学系教授许永杰带领文物抢救发掘小组来到这里。考虑到伏羲台的悠久历史和曾经的考古发现，他把工作的重点放在了伏羲台所在的何家庄一带。

对何家庄的考古发掘，相振稳抱着很大的期望，在与许永杰的交流中，相振稳多次表达了自己的想法。

随着发掘工作的进展，很快有了收获。许永杰和同事发现了大量夹砂灰陶和灰褐陶，陶器的表面多装饰有细绳纹，这些发现和2001年的发掘成果相互印证，经过考古类型学的判断，都属于商周时期的文物遗存。

随着考古工作的进展，许永杰在商周时期的夹砂灰陶和灰褐陶中，发现了泥制橙红色陶片，引起了他的注意。这些陶片也装饰有细绳纹，有的呈现出紫红彩，与商周时期的陶片形成了鲜明对比。经过比对，它们被认定是双耳小口尖底陶瓶、彩陶钵和夹

▲ 彩陶鱼鸟纹细颈瓶

砂绳纹陶罐的残片，这些彩陶片的出现令许永杰眼前一亮。

许永杰回忆道："相所长来到我们的工地。我说，相所长你的伏羲挖出来了。我指着筐里的陶片说，这就是你的伏羲。"

许永杰和相振稳沉浸在巨大的喜悦之中。

许永杰发现的陶片，在考古学中被称为"彩陶"，它是指古人在打磨光滑的橙红色的陶坯上，以天然的矿物质颜料描绘花纹和图案，入窑烧制而成的陶器，是非常古老的制陶技术。

三、伏羲东迁留下的足迹

今天，彩陶成为人们研究那段远古历史的重要依据之一。通过彩陶的质地、图案、花纹和造型的变化，可以推断出遗迹的时代早晚和原始生活、生产面貌。

仰韶文化：是黄河中游地区重要的新石器时代文化，以陕西华山为中心分布，东起山东，西至甘肃、青海，北到河套内蒙古长城一线，南抵江汉，分布最为密集的地区在陕西关中、陕北一带。是一个以农业为主的文化。

1921年，考古学者最早在河南省三门峡市渑池县的仰韶村史前文化遗址中发现了彩陶，从此之后，对于那段没有文字可考的中国远古历史，有了新的时间坐标——仰韶文化。它的时间为距今5000—6000年前。彩陶是仰韶文化的标志。

中国目前发现年代最早的彩陶，出土于甘肃省天水市秦安县东北的大地湾。1978—1984年，甘肃省文物工作队在此进行了大规模的田野发掘，发现了大量的彩陶。制作工艺非常原始，表面绘有简单的几何与动物图案，通过研究，学者们判定大地湾遗址最早的年代距今大约7800年。如果以彩陶作为衡量时间的标准，大地湾就是仰韶文化的发源地。令人惊讶的是，这里同时也是传说中伏羲的诞生地。而在传说中伏羲生活的河北新乐，同样发现了代表史前文明的彩陶，这两者仅仅是一种巧合吗？

按照新乐当地的"东迁说"，伏羲是因为气候和生存问题从甘肃东迁来到河北的。从天水大地湾到新乐，直线距离约 1000 千米。在那个混沌、蛮荒的远古时代，伏羲经过了怎样的漫漫旅途，又在哪些地方留下了足迹呢？

　　今天，在关于伏羲的种种传说中，最多的一种说法是伏羲出生于甘肃省天水市的成纪，成长和活动于河北省的新乐市。死后葬在河南省的淮阳县。在这三个地方，都保存有与伏羲相关的建筑。

四、伏羲的形象变化

　　1942 年 9 月，长沙子弹库楚墓中盗掘出土了一件举世闻名的楚帛书。它是迄今已发现的先秦时期唯一的一份缯帛文字资料。因为战乱，这份楚帛书后来流失到了美国，被存放在华盛顿的赛克勒美术馆。

　　这件楚帛书是一幅形状略近长方形的丝织物，在它的上面，四边环绕绘有 12 个彩色神像，并附有"题记"；在四边所画神像的中心，写有两段文字，一段 13 行，一段 8 行，两段相互颠倒。在很长的一段时间里，中外学者对楚帛书进行了大量研究，由于年代久远，不但上面的文字无法破译，就连那 12 个神像，也不知道是何方神圣。

　　20 世纪 50 年代，李学勤也对楚帛书产生了浓厚兴趣。他考证了帛书周边的一圈奇怪文字，再结合中国古代典籍《尔雅》的《释天》记载，通过对神像注解文字的解读，推断出了那 12 个神像的真实身份。

　　李学勤解释，楚帛书周围的 12 个神像，每个神像上面都有说明，是神的名字，就是十三经

楚帛书： 又称楚缯书，内容包括即天象、灾变、四时运转和月令禁忌，不仅载录了楚地流传的神话传说和风俗，而且还包含阴阳五行、天人感应等方面的思想。在文字的四周绘有 12 个怪异的神像，帛书四角有用青、红、白、黑四色描绘的木。

尔雅： 被认为是中国训诂的开山之作，是我国最早的一部解释词义的专著，也是第一部按照词义系统和事物分类来编纂的词典。"尔雅"的意思即是"使人们的语言接近标准"。

十三经： 儒家的十三部经书，即《易》《书》《诗》《周礼》《仪礼》《礼记》《春秋左传》《春秋公羊传》《春秋谷梁传》《论语》《孝经》《尔雅》《孟子》。

里《尔雅》的 12 个月的名字。

就像是找到了密码和钥匙,李学勤打开了楚帛书的大门。那 12 个神像,对应着中国古代 12 个月的神,它们又分别象征着"春夏秋冬"四个时令,而在中国古代神话中,代表春夏秋冬四个季节的神灵都是伏羲的孩子。

经过学者的研究,这份楚帛书成为中国目前最早记录伏羲的文物。在楚帛书《甲篇》里,记载了伏羲、女娲创世的故事,内容和后世流传的传说不谋而合。看来,早在战国时期,人们就已经把伏羲当作一位远古的神灵加以崇拜了。

到了汉朝,人们对伏羲的崇拜有所变化,今天在许多汉朝建筑和墓葬的画像砖上,都可以看到伏羲的形象:戴冠着襦,双手持华盖,具有变异的神体。在一些文物上,伏羲和女娲双双出现。他们人首蛇身,尾巴缠绕在一起。造型奇特而美丽,对应着始祖造人的传说。

随着时间推移,伏羲的形象也发生着变化,河北新乐伏羲台上的伏羲和女娲已高度生活化。在百姓的心目中,他们看上去应当是一对威严的

▲ 伏羲女娲图

▲ 伏羲女娲画像砖

帝王夫妇，高高在上，接受着人们的崇敬。

但是在学者们看来，伏羲绝不仅仅是远古的传说和神话。在他的背后，隐藏着我们这个民族最早的历史记忆。

李学勤认为，伏羲这个传说，至少在战国时期已非常普遍了，一直流传下来，成为中国古代传说的古代史的开端。我们常说的夏、商、周三代之前，就是五帝时代，一般说5000年文明史，是从炎黄时代算起。可是伏羲在炎黄之前，要更久远些，所以它反映的是中国远古的历史。

五、伏羲是否真有其人

东汉班固的《汉书》将上古帝王从黄帝推至伏羲，至此，伏羲才登上官定正史。在传世的古代典籍中，伏羲经历了一个从无到有、从神到帝、历史记载从零乱到系统的衍化过程。伏羲究竟是否真有其人呢？

20世纪90年代中后期以来，国家夏、商、周断代工程的成功实施，极大地推动了中国早期文明的探源工作，以往遭受冷落的五帝研究，包括三皇研究在内，重新被提上日程。现在，研究者已从五帝时代上溯到三皇时代，追寻着中华远古文明的足迹。

神话传说和真实历史，从来就是一对孪生兄弟。在人类遥远的远古时期，由于记录手段的缺乏，在没有文字的情况下，历史往往就是用神话和传说的方式口口相传，从这个意义上说，文字和实物记载了历史，而语言和歌谣则演绎着神话。

传说中伏羲诞生的甘肃天水大地湾，曾经发现了中国最早的彩陶，还有距今7800年的人类生活遗址，除此之外，大地湾是否能够印证伏羲时代的存在呢？

1978—1984，考古工作者在大地湾进行了持续的田野发掘，发现了史前先民居住过的房址、储藏物品的窖穴、烧制陶器的窑址以及墓葬等700多处遗迹，出土了近万件陶、石、玉、骨器生产工具及生活用品。这个发现，轰动了中国考古学界。

宫长为说，从考古学角度看，甘肃天水秦安大地湾文化一期这个年代，是属于前仰韶时期文化，这个文化距今8000年左右，和传说的伏羲文化接近了，因为古代传说的伏羲文化就在那时。

目前，大地湾史前文化遗存划分为4个时期。它的时间最早可上溯到距今7800年，最晚的遗存距今大约4800年，时间跨度长达3000年。在早期遗址中，不仅发现了中国最早的彩陶制品，同时还发现了中国最早的种植农作物——黍。说明在7000多年以前，大地湾就出现了原始农业生产。在遗址中，考古队员还发现了大量牛、马、羊、猪的骨头。而这种现象，与伏羲教会人们从事渔猎和畜牧的传说有着某种契合。

大地湾原始村落出土的文物遗存证明，生活在这里的先民们还处在原始社会由渔猎时代向畜牧时代的过渡时期。在众多的彩陶动物花纹中，以鱼纹图案最盛；数以万计的兽骨标本中，家畜家禽遗骸占了大多数；房屋建筑类型繁多，井然有序；室内灰坑窑穴数以百计，窑穴中藏有大量粟粒；在各种陶器上刻的记事符号有10多种形状和花纹。这说明当时渔猎生产仍占主导地位，农业生产居于重要地位，畜牧生产已有一席之地，创造文字的活动已经开始。而这些考古发现都和伏羲教民结网捕鱼、狩猎驯畜以及画八卦、创文字的传说恰好吻合。

大地湾的考古发现，鲜明地体现出在长达3000年的时间里，生活在这里的人们生产力逐渐提高，社会结构逐步发展，由蒙昧走向文明的过程。这与中国典籍中上古系统里伏羲时代的定位是非常接近的。

如果说大地湾的史前人类生活遗迹印证了伏羲时代的真实性，那么河北新乐与河南淮阳的伏羲传说又该如何解释呢？许永杰说，在新乐伏羲台附近发掘的陶片，为什么也会被看作是伏羲时代的遗存呢？甘肃、河北这两个地方，即使在今天的人们看来，彼此的距离仍然显得遥远，在生产力十分落后的史前时代，它们之间是如何联系在一起的呢？

答案还要在陶片上找，考古学中有一种研究方法叫作考古类型学，就是将不同地区和不同时期的考古发现,在材质、图案、造型和用途等方面加以比较,从而找到它们之间的内在联系。

今天的研究者,通过对大地湾早期遗址的相关研究和碳-14测定,判定它最早的年代为距今7800年。

比大地湾年代略晚的史前文化遗址是仰韶文化,它的发现地点位于河南省三门峡市渑池县的仰韶村。仰韶文化的时间跨度长达2000年。研究者根据在不同地点发掘出的不同彩陶,把仰韶文化分成了几个不同的时期。

从彩陶上来看,早期的代表是陕西省西安市半坡遗址出土的仰韶文化早期半坡类型彩陶,它的时间为距今5000—7000年前。制陶工艺相当成熟,器物规整精美,多为细泥红陶和夹砂红陶,其装饰也以彩绘为主,在器物上绘有精美的动物彩色花纹。通过对彩陶的图案花纹和器物造型的研究,人们发现半坡彩陶与大地湾彩陶属于同一文化类型,从时间上看,大地湾文化遗存时间较早,半坡略晚。所以学界把大地湾文化称为前仰韶时期,而半坡遗址是仰韶文化的早期类型。

那么许永杰在新乐何家庄发现的陶片又是什么时候的呢?

许永杰认为,从考古学上讲,这里的陶片应属于西阴文化。

西阴文化得名于山西省夏县的西阴村遗址,它的发现者是中国现代考古学的开创人李济。1926年,李济带领一支考古队在西阴村进行田野考古发掘,这也是中国学者第一次在完全自主的情况下进行田野考古发掘。在西阴村,李济发现了史前人类生活的遗存,同时也出土了大量的彩陶残片。他推断这是一处属于仰韶文化的史前人类遗迹。距今4700—5900年前。这次发掘,捡拾起中华文明一段重要历史,更标志着现代科学考古进入中国。

1994年,中国的考古工作者再一次来到夏县西阴村,进行了详细的发掘工作。两个半月的发掘工作,共发掘了576平方米,复原了120件完整的陶器。

这个发现让学者们备受鼓舞,在复原工作完成之后,他们对这些陶器进行了分类研究。

山西省考古研究所研究员田建文说，彩陶有彩陶钵、盆、两种瓶子，一种是双唇小口尖底瓶，一种是葫芦口瓶。除了大量的夹砂罐和泥制罐，还发现了一些陶灶、陶釜。

在西阴村发掘出的彩陶残片上，有一些美丽奇特的花纹，这些花纹大多是三角形勾勒的形状，有点像玫瑰的花瓣。通过研究，学者总结出了西阴村出土陶器和彩陶的类型特点。考古学家张忠培在这次西阴村考古的基础上，提出了一个新观点，他把西阴村所代表的史前文化类型称为西阴文化。

许永杰称，西阴文化最有特征的陶器只有两件，一件是重唇口的小口尖底瓶；彩陶是西阴文化的另外一个重要特征，就是花卉纹的彩陶和鸟纹的彩陶。

西阴村的发现，让学者们想起了20世纪50年代的一次考古发掘。1956年8月，考古工作者在河南省陕州区庙底沟也发现了类似西阴村的史前遗迹。该遗址的第一期遗存也被判定属于仰韶文化，最重要的依据之一就是重唇口小口尖底瓶和花卉纹彩陶盆钵。这与之前已经发现的陕西西安半坡遗址的仰韶文化遗存形成了鲜明对比。半坡遗址的仰韶文化遗存是以杯形口小口尖底瓶和鱼纹彩陶盆钵为特征的。

根据这些发现，人们把仰韶文化分成了不同的时期，早期为陕西西安的半坡类型，中期为庙底沟类型，也就是西阴文化。

至此，依托田野考古的发现积累，如果选择每个遗址最早的时间上限，就会串联起一条清晰有序的历史脉络。距今7800年前，伏羲时代的原始部落生活在甘肃天水一带，对应的史前遗址是大地湾。在距今7000年左右，他们进入今天的陕西西安一带，对应的遗址是半坡。随后，伏羲部落的踪迹又出现在河南三门峡一带的黄河两岸。对应的遗址就是庙底沟和西阴村，时间为距今5900年。河北新乐何家庄也属于这个时期。这个时间顺序，也许就是伏羲时代华夏原始部落的历史传承发展脉络。

但是，打开地图我们会发现，虽然这个顺序在时间上没有问题，在空间的跨越上却有疑点。

从甘肃天水大地湾到陕西西安半坡,再到河南三门峡一带,考古工作者发现了很多处仰韶文化早期遗址,彼此之间的地理位置都比较接近。但是从河南的三门峡到河北新乐,路途遥远。在生产力落后的伏羲时代,那些原始部落是如何到达那里的呢?

1982年,由国家文物局、山西省考古研究所和吉林大学组成的晋中考古队,对山西中部地区进行了一次大规模的考古发掘工作。他们来到山西省汾阳市,著名的杏花村汾酒厂就坐落于这里,1982年,考古队员在酒厂的旁边开始了发掘工作。

山西考古所副所长马升回忆道:"我们在汾阳进行了三个多月的考古发掘,发现了从半坡文化直到商朝晚期的大批遗存,包括遗迹、遗物,有许多属于仰韶文化的红陶片。"

汾阳,地处山西中部,距离西阴文化的中心所在的陕西、山西和河南三省交界区域有几百千米。而带有西阴文化特征的陶片,在这里的大量出现,正是向人们揭示了一个重要的信息。

原山西省考古研究所所长王克林称,杏花村这个点,跟晋南的西阴文化基本是一个类型,主要特征是以陶器上的玫瑰形花卉纹为主。这一点证明了杏花村遗址,跟晋南、河南、豫西遗址是一个时期的。

经过晋中考古队长达一年的发掘,在山西中部汾阳地区的段家庄也发现了属于西阴文化的彩陶,这充分说明当时伏羲文化已经传播到了山西中部地区。

1989年,吉林大学、山西省考古研究所和忻州地区文物管理处组成的忻州考古队,发掘了山西忻州的游邀遗址。在遗址下部的土层中,也发现

▲ 伏羲像

▲ 伏羲庙先天殿

了西阴文化陶片。这说明伏羲文化的影响已经到达了山西北部地区。

　　一系列的考古发现印证了伏羲的传说，而2006年河北省新乐何家庄西阴文化陶片的发现，为伏羲研究又提供了新的考古材料。不仅新乐的考古发现距传说中伏羲的出生地甘肃天水文化晚了近2000年，而且传说中伏羲所拥有的发明创造和功绩似乎也不可能仅靠一个人、一代人就可以实现。今天看来，伏羲更像是一个时代的代表，就如同三皇五帝其他的几位一样。

　　从甘肃天水大地湾出发，经过西安半坡、河南三门峡、山西运城、山西中部汾阳的段家庄和杏花村，再到山西北部的忻州、游邀，最后来到河北新乐，这是一条长达2000多年的人类生活和迁徙路线。

　　关于伏羲的种种传说，也许正隐含了这一段远古华夏民族繁衍、融合、发展的漫长历史进程。

　　走进今天的新乐，伏羲已经成为这座城市的一张名片。何家庄的三月十八庙会也有了新的名称——伏羲文化节。

在远古时期，我们的祖先只有一个角色，那就是猎手。为了猎到食物，他们无数次地改进狩猎工具，到后来，才有聪明的祖先将部分野兽驯化为家畜，养之，杀之，食之。后来，祖先们还学会了种植谷物，甚至酿造了美酒。是什么一次次地激发了祖先们的灵感？

▲ 取食记题图

取食记

　　石头，在现代人的生活中充当着默默无闻的角色，只有那些有欣赏价值的石中精品才会引起人们的关注，但是在古代，人类的祖先就是从打制石器开始走上了文明之路。如果时光能够倒流，我们真想看看祖先是怎样将一块块精心选择的石头打造成顺手的狩猎工具的。现代考古学的发展在很大程度上已经帮助我们实现了这个愿望,我们要做的只是运用一下我们的想象力……

一、从石流星到弓箭,为了取食,人类慢慢不需要再与猎物比腿力

在史前,人类并不总是用伏击的方式进行围猎,更多的情况下,他们要不停地奔跑,才能接近猎物。

有时候为了打到一头鹿,要持续追赶二三天。这种让人和动物比赛跑步的打猎方法,成功率很低。于是,泥河湾人就发明了石流星——一种远距离攻击武器,制作方法很简单:在石球的一端拴上绳索。

在泥河湾盆地的一个遗址中,人们发现了200多个石流星。

在史前,石头是人类最重要的劳动工具。用一块石头去砍砸那些用棍棒不能触及的猎物,是最容易想到的办法;但增加一段绳索,做成石流星,却只有聪明人才能想出来。这样的石流星不仅可以击打猎物,而且,在击中奔跑的猎物后,绳索还会把猎物飞奔的腿缠绕起来。

▲ 用石流星猎动物

后来,祖先又发明了射程更远的武器——弓箭。在山西省朔县的峙峪村,考古学家发现了距今3万年的峙峪人。峙峪人完成了一项伟大的发明:他们制造出了弓箭。

峙峪人用粗树枝或竹子做弓,用细木棍做成箭杆,把用燧石或俗称火山玻璃的黑耀石打成石头片,然后磨成箭头,这种箭头考古学家称之为"石镞"。

▲ 史前人使用弓箭打猎模拟图

▲ 史前人围猎场景模拟图

长与宽之比大于 1 的石头片在考古学术语中叫"石叶"，史前人类常拿这种石片当刀来使用，用它来剥皮割肉。但让人想不到的是，这种用石头做的刀，常常比我们现代人使用的金属小刀更锋利。

真令人难以置信，祖先的石头会比我们的金属刀锋利吗？答案是肯定的。因为祖先用的是非常好的原料，像燧石或者火山玻璃，其硬度可达 7 度；而今人所用的金属小刀硬度只有 5～6 度。有了用如此锋利

▲ 石镞

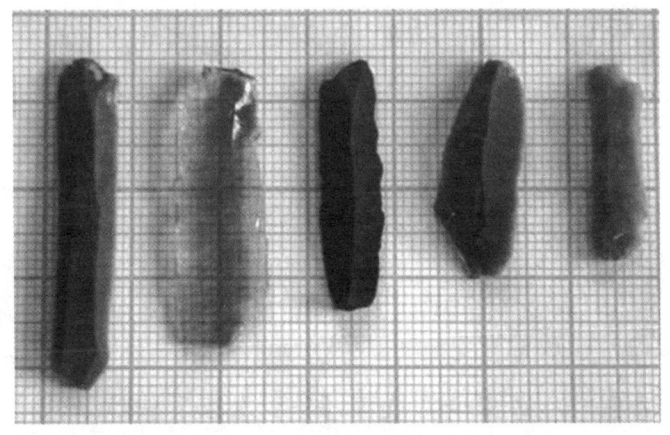
▲ 青海省文物考古所采集到的史前工具

的石头片磨制的箭头，峙峪人成了他们土地上真正的主人。

二、驯养动物让祖先有了更多的肉吃

有了弓箭，祖先就能够捕获更多的猎物了，野马、野驴以及骆驼这种大型的动物也成了祖先们的美味，这其中还有狼。捕获了狼也就意味着人类离驯化狗不远了。

从狼到狗的驯化过程，可以说是人与动物之间一段曲折的故事。一般认为，家狗的祖先可能是一种形体比较小的狼。史前的某一天，狩猎的人们捉到了一只小狼，它只有几周大。因为个头太小了，部族里的人决定把它养大一点以后再吃。几个月以后，它长大了。今天我们知道，犬科动物在6～8周之内，行为和生理还没有充分发育，很容易和人沟通。它们会撒娇、会讨好，它们和人好像非常亲近，这种在其他动物身上难以想象的特性，改变了狼的命运。

小狼长大以后，人们对它的态度变得矛盾起来。有人要杀死它，有人却想起它的种种好处：它帮着看过家、帮着打过猎，它是许多人快乐的源泉。于是，有人就说，为什么不把它留下来，让它做个伙伴呢？狼被留了下来。后来，它就变成了我们今天普遍饲养的家犬。

这是我们关于史前人类驯化狗的想象。也许事情的实际过程要比我们所想的复杂得多。我国确认无疑的家犬出土于8000年前的河南舞阳贾湖遗址。

在河南舞阳贾湖遗址中，其居住区和墓葬区都分别发现了当时有意识埋葬的狗，在墓葬区发现了6只狗，在居住区发现了4只狗。这些狗埋葬的姿势也是不一样的，有的像睡觉一样，有的像被捆起来一样，这些狗给人的感觉都不是被活埋的，而是被杀死以后，有意识

贾湖遗址： 属于新石器时代前期遗存，因地处贾湖村而得名。贾湖遗址的重大发现包括遗迹、遗物两部分。贾湖遗址的墓地比较集中，有的重复埋葬出现叠压。房址大多为椭圆形，结构以半地穴式为主，多为单间，有少量依次扩建的多间房。房址内有灶台、柱洞等，有的还保留了窑壁和火道。

地被摆成各种姿势。贾湖遗址中的这一发现证明了狗是迄今为止我们所知道的中国最早的家畜。

近年来，中国和瑞典科学家用遗传学的方法研究了来自不同地区的654只狗，最后得出这样的结论：狗最早是在东亚被驯化的，而且很可能来自中国。

▲ 战国时期墓葬中被用来殉葬的狗

中国古语有"五谷丰登，六畜兴旺"之说，六畜指的是马、牛、羊、鸡、犬、猪，这些动物，在几千年前就已经成了人类的朋友。

今天的村庄，充满了驯化动物的叫声。而这种叫声，已经在人类的农业史上流传了几千年，甚至上万年。

驯养动物让我们的祖先有了更多的肉吃。从进化的角度看，肉类中所含的丰富的蛋白质，对我们人类的大脑发育起着重要的作用。但祖先们可以吃到肉的时候并不多。

三、北方的狗尾草就是谷子的前身

光靠打猎、养动物，祖先并不能养活自己，于是，又有聪明的祖先开始种地了。

在北方，狗尾巴草随处可见。在我国黄河流域甚至整个北方地区，就盛产一种非常普遍的青狗尾草。青狗尾草适应性非常强，在山坡地、旱薄地都可以生长。当时，早期的人类主

▲ 史前人类煮食物模拟图

远祖之谜

▲ 小米

要采集的是野果和一些植物的种子,包括青狗尾草。青狗尾草的籽粒,在史前人吃起来味道大概很鲜美,实际上,它的营养成分也很不错。在不断地采集过程中,我们的祖先对青狗尾草有了自觉的筛选过程,粒大的当然就会受到青睐。后来,史前人类开始有意识地种植这种植物。慢慢地,这种狗尾巴草的淀粉含量越来越高,个头越来越大,它就变成了粟,也就是我们常说的小米。

小米含有10%～14%的蛋白质,含量高于大米、玉米和高粱,含有2%左右的脂肪,高出大米3倍,还含有多种维生素。

而在南方,大约是在1万年前,我们的祖先从野生的水稻驯化出了人工栽培的水稻。

人类历史上的第一代农民开始下地干活。这是真正的脸朝黄土背朝天。他们使用的农具非常简陋,是一种用来挖土的尖头木棍。这种木棍后来演化成了一种叫耒的农具。

还有一种农具叫耜,它的头是扁平的板状,和现在我们用的铲子很像,功能估计也差不多。这种工具有时候也用骨头或石头来做,从浙江省北部的余姚河姆渡遗址出土了一些骨耜,它和大量的稻叶、稻梗同时出土,显然是当时河姆渡人种植水稻时使用的一种生产工具。

秋天,正是收获的季节。自从有了铁器以后,人们就一直使用镰刀收割。镰刀的历史同样可以追溯到史前,那时的镰刀是用石头做的,上面还刻了锯齿。有人做过试验,用这种石镰刀,每分钟可以收割1平方米左右的稻子。

> **耜**:一种曲柄起土的农器,形状像今天的铁锹和铧。扁状尖头,后部有銎,用以装在厚实的长条木板上。木板肩部连接弯曲而前倾的长柄,柄与耜头连接处有一段短木末端安横木。使用时,手执横木,脚踩耜头短木,使耜头入土起土。
>
> **河姆渡文化**:发现于长江流域下游地区的新石器文明,因发现于浙江余姚河姆渡而得名,年代为公元前5000—前3300年。黑陶是河姆渡陶器的一大特色。在遗址中还发现了大量人工栽培的稻谷,是目前世界上最古老、最丰富的稻作文化遗址。

▲ 野生水稻

▲ 河姆渡遗址出土的骨耜

那个时候就有了灌溉系统。人们在湖南省澧县发现了距今有9000多年的水渠，这说明那时候的人就已经知道兴修水利，浇灌土地了。浙江余姚的河姆渡是中国境内发现的最重要的史前文化遗址，它分为4个文化层。在其中的第4文化层，人们发现了大量的稻谷，数量之多、保存之完好，在考古史上是极为罕见的。这些稻谷堆积在一起，最厚的地方有1米多。刚出土的时候，谷壳都还是金黄色的，但因为氧化，瞬息之间就变成了黑褐色。这些水稻究竟是野生的还是人们种植的呢？专家们发现，河姆渡出土的水稻，谷粒长而且大，籽粒的重量也远远超过了野生稻。

7000多年前，河姆渡人一定是经过辛勤的耕作，才种出了这么多粮食。稻米已经成了河姆渡人最稳定的食物来源。在河姆渡出土的一个陶釜里，人们看见黑乎乎的锅巴还黏在上面。

四、7000多年前，人类第一次用化学的方法为自己制造了琼浆玉液：酒

有了米饭，有了水果和肉，还有打来的各种野味，我们祖先的餐桌越来越丰盛，要是再有一杯酒该多好呀！不错，我们的祖先其实很早就喝上酒了。

> **仪狄：**据《世本》《吕氏春秋》《战国策》等先秦典籍记载，仪狄是夏禹时代司掌造酒的官员，相传是我国最早的酿酒人，女性。《太平御览》记载，上古三皇五帝时，就有各种各样的造酒方法流行于民间，仪狄将这些造酒的方法归纳总结出来，使之流传于后世。

关于酒的发明有很多传说，但每个传说都承认酒是多次失误产生的美味，当然，前提是有了多余的粮食。人们猜想，在史前，有这样一个人，他的谷物因为贮存不善而发芽。他舍不得把这些谷物扔掉，于是成了剩饭。在合适的水分和温度下，神奇的酵母菌把剩饭变成了酒，这就是谷芽酒，也是我们人类第一次用化学的方法为自己制造的琼浆玉液。这个造出谷芽酒的人在传说中叫仪狄，是大禹时代，也就是距今约5000年以前的人。

当然，上述只是人们的猜想，要想证明史前存在造酒活动，最直接的证据就是找到酿酒的工具。考古学家在一些距今7000年的新石器时代的遗址中发现了一种滤缸。这种滤缸是一种底侧钻有小孔的陶瓮。酒酿成了，就拔去这个瓮孔的塞子，酒就如涓涓细流，滴入容器，而这样就把酒醪等残渣留在了瓮内。后来，人们还发现了专门的漏斗。

这样，考古学家就得出结论，史前实际的酿酒行为比传说中的还要早上2000年。

丰收的夜晚，人们载歌载舞，向神祭献。在这样的夜晚，常有最丰盛的食物和美酒。看来，祖先的食谱并不像我们想象的那样简单。

早在数千年前，我们的祖先史前人类也同样过着这种充满变数、饱含悲欢离合的生活。那么，我们的祖先在那个遥远的时代到底是怎样生活的呢？有哪些令现代人特别感兴趣的话题呢？

生涯记

女歌手范琳琳的一首《苦乐年华》令人们广为传唱，美妙的歌声充分体现了人们生活中的喜与悲、乐与哀以及对美好生活的歌颂和对不尽如人意的万般无奈。其实，并不只是现代人对生活的酸甜苦辣满腹感慨，早在数千年前，我们的祖先史前人类也同样过着这种充满变数、饱含悲欢离合的生活。

大约在距今5000年前，我国黄河、长江流域的氏族部落先后进入了父系氏族公社时期。这是一个社会大发展的时期，与以前的母系氏族社会相比，首先是生产水平有了新的发展，主要表现在农业和畜牧业的发展及以轮制陶器、冶铜手工业为主要标志的工艺水平的提高；第二是在婚姻关系上更为牢固持久的一夫一妻制的出现，从而确定了父系血统的延续；第三是私有制的出现和贫富分化的产生最终促成了阶级分化。在本文中，由于篇幅的限制，姑且将能体现这个巨变时代的突出事件附会在一个我们虚拟的史前人祖先的身上，以同时期的考古发现为佐证，再通过解说，从他看似平凡，但以现代人的眼光看又是意义非凡的一生，去了解我们的祖先在那个时代的生活。

一、他闯过了"鬼门关",但注定一生没有父亲

在母系氏族社会的末期,也就是距今5000多年前的一天,一个新生命就要诞生了。这是一个危险的时刻,死亡和欢乐两副面孔在一间小小的房间里交替出现。因为在那时候,对每个生育的女子来说,固然有将为人母的喜悦,而临盆时的难产和产后的细菌感染,则又是最恐惧、最无可奈何、最性命交关的。

▲ 考古发现史前死于难产的母婴

▲ 刚刚出生的小熊在喜悦的人们手中被传来传去

在考古专家对很多史前遗址的发掘结果中,人们都发现了因生育而死亡的迹象。如在甘肃省永靖县的一处遗址,人们发现一具成年女性人骨,两腿之间有一个头朝下的婴儿骨架,由此推断这对可怜的母子就是死于难产;再有浙江省崧泽遗址中埋着一具女尸,头上方有一具胎儿骨架。这应是母亲因产褥细菌感染死亡,于是将先死亡的婴儿移来合葬。

但本文的主人公是幸运的,他顺利地降生了。他的真实姓名已经无法考证了,在此我们就称其为小熊。因为传说中中华民族的祖先黄帝所领导的部落崇拜熊,被称为有熊氏。在小熊呱呱坠地的时刻,周边的亲人中并没有他的父亲,且在他的一生中也注定不会知道谁是自己的父亲。

在母系氏族社会,为了避免血亲婚配,一个女人所有相好的男人都是

来自别的部落。当时人们选择伴侣的标准很简单，那就是喜欢。由于这种感情关系很不固定，有时候维持一二天，有时候维持几个月，因此和小熊的母亲相好的几个男人都离开了她。在当时没有人会责怪男人们负心，因为人人都是这样。于是，那个年代也就被后人们称为是"只知其母，不知其父"的年代。

二、巫医为他治好了断腿

小熊开始了充满风险的生命旅程。由于生活条件艰苦、营养贫乏、疾疫流行，小熊的骨骼用今天的观点来看可能有点发育不良，但侥幸没有因为缺少维生素 D 而得佝偻病，或者变成罗圈腿。

考古专家发现，佝偻病和罗圈腿这两种骨骼疾病在那个年代是很常见的；另据统计，那时婴幼儿的死亡率高达 30% 以上。

小熊一天天地长大，他童年的玩伴就是他那不知是同父异母还是同父同母的姐姐……在小熊 7 岁的时候，他经历了自己少年时代最大的一次冒险。他爬到一棵大树上，结果一不留神从树上摔了下来，摔断了右腿。舅舅把他抱回家，姐姐不断地安慰着他，他们期待着巫师，期待着他的医术能把小熊从痛苦中解救出来。

当时已经有医生了，这些医生通常就是部落里的巫师。巫师的职责不仅是带着人们祭神，同时也要为人们看病。考古学家们认为，最原始的医学就是从巫师开始产生的。

当时各地的医疗水平并不一致。如在下王岗遗址发现了一些成年男女的人骨，他们的桡骨或小腿骨骨折以后因对位不好，造成畸形愈合。但在元君庙遗址发现过一具壮年女性人骨，右侧桡骨有陈旧性骨折，愈合情况非常好。

下王岗遗址： 位于河南省淅川县城南的下王岗村丹江南岸，面积约 4000 平方米。下王岗遗址的发掘，进一步证实了当地仰韶文化、屈家岭文化与龙山文化三者的早晚关系，对于研究中国南北新石器文化的分布、地域特点及相互关系，具有较重要的意义。

▲ 为小熊治好了腿部骨折的巫医

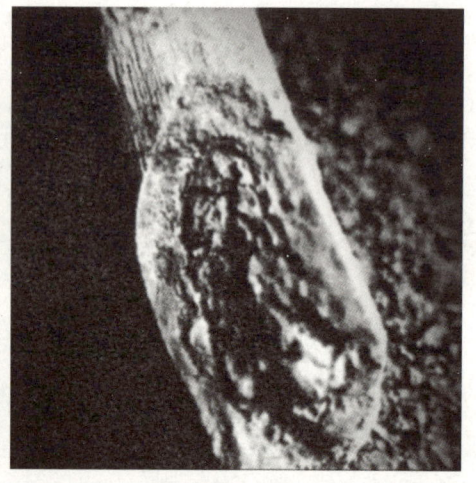
▲ 史前人骨折，经医治后良好愈合的证明

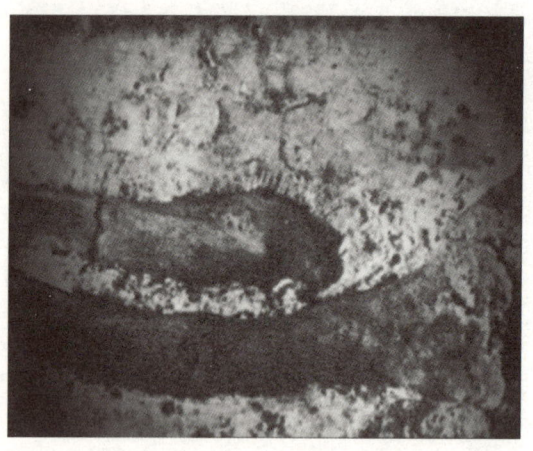
▲ 畸形愈合的桡骨

　　小熊恰恰碰到了一个好医生，他的腿没有留下任何残疾。
　　史前医学的发展水平有时候超出了人们的想象。如在7000多年前法国就有一例外科手术的史料证明；而我们的祖先在5000多年前就掌握了复杂的开颅手术。

三、母亲死了,她的灵魂得以回归

在小熊 8 岁那一年他的母亲死了。母亲的遗体被埋在部落的公共墓地里,安葬时像以往一样,死者的头部要偏向西方。

在中原地区发现的商朝和东周时代的墓葬中,90%～95%的死者都是头向北方的;而在南方的楚国人,墓葬中死者的头一般向南;西方的秦国墓葬中的人一般头向西……连声威赫赫的君王也不例外。

对史前墓葬中死者头颅朝

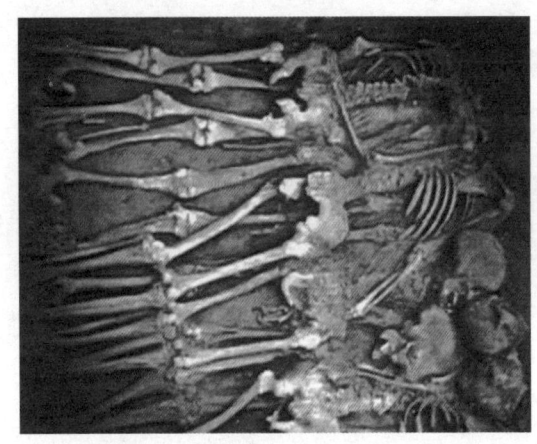

▲ 史前墓葬中死者的头颅有一定的朝向性

向的一致性,根据史料佐证,遗骨头颅所指的方向与其生前居住地所在的方向是一致的,因为当时的人们认为那是死者的灵魂要回归的地方。

在妈妈死后,小熊和姐姐就由他们的舅舅抚养。舅舅很爱他们,常和他们分享少得可怜的食物。舅舅乐天的性格为小熊和他姐姐丧母的童年增添了不少欢乐。

四、姐姐恋爱了,不久她当上了妈妈

在小熊 11 岁那年,姐姐被一阵奇异的笛声吸引了。

考古学家在河南省贾湖村一具史前人的尸骨旁发现了最早的笛子。这种笛子是用鹤类的腿骨做成的,上有 7 个孔,能吹出七声音阶。

吹笛子的人站在村口,姐姐与那个人在笛声

> **七声音阶:**是在八度音程之内,由 7 个相邻的音所组成的音阶。中国古代七音阶是由原有的五声音阶宫、商、角、徵、羽五音,加上变徵与变宫而成。中国七声音阶起源的时间,历来有争议。但最新的考古证实,中国的七声音阶最晚起源于商朝早期。

▲ 史前的笛子

中一步步地走近，一湖春水荡漾在他们心中……他是姐姐的第一个相好，他们间的关系维持了一年。后来小熊的姐姐怀孕了，那一年她才16岁。

在姜寨的一个母子合葬墓中，葬着一位20岁左右的青年女子和一个六七岁的儿童；在同一墓区的另一座母子合葬墓中，埋着的是一位30岁左右的女性和一个十三四岁的少年。由此推算，当时女子的育龄在十四五岁左右。

现在的人类学家称这种婚姻状态为"对偶婚"。当时的男性并不参与女方的家庭生活，而仅仅是晚去早归地过夜生活。

五、成年的小熊也恋爱了，且爱得十分专一

到了14岁，小熊和自己的少年时代彻底告别了。在他生日的那天，巫师主持了一个不同于以往的特别仪式。按照传统，巫师本应敲掉小熊的一颗门牙。这个仪式的意义是：门牙被敲掉的一阵剧痛之后小熊就成了一个真正的男人，他要参与打猎、种庄稼……更重要的是，张开缺失门牙的嘴，人们就知道他是一个成年人，有了性行为的能力，可以婚配了。但小熊的门牙没有被敲掉，因为在他成人的这一年，部落的风俗改变了，巫师给了他投枪和石球，希望他成为部族里的一名战士。

▲ 巫师为小熊的成年礼主持仪式

一天晚上，在山上打完猎的小熊溜溜达达往回走，经过与自己部落临近的另一个部落时，这个部族正在夜色中轻歌曼舞，一个美丽的姑娘被众星捧月似的围在中间。小熊走进了这个部族，瞬间爱情像风一样吹动了他的心。当他与那位美丽的姑娘四目相对时，爱情的火花被擦亮了……

按照对偶婚的惯例，分别的时候到了。然而小熊却去而复返，因为没有哪一个女子让他如此心动，小熊第一次尝到了深深的离别之痛。这在当时，还没有人如此专一、如此认真地对待一段情感。小熊和女友共同发誓，从此以后不管传统是什么样的，彼此将永不分离。

六、小熊破天荒地娶回了新娘

第二天，小熊去女方的部族找她，要把她带回自己家，但那边的族长不同意。几天以后，他带上了一坛酒又去找那边的族长，这次他成功了，他破天荒地把自己心爱的姑娘带回了家。

随着男子在女方家逗留时间的延长，在女方家庭中逐渐地形成了一种个体的自有经济，这种模式后来发展成了个体家庭——一种一夫一妻制的家庭。自此，男人最终站到了社会生活的主导地位，父系氏族社会开始了。

▲ 小熊把自己心爱的姑娘娶回了家

为了夫妻二人更好地生活，小熊建了一所宽敞的新房子作为自己的新家。这座20平方米左右的大房子用4根大柱子牢固地支撑着，不仅有了用于保护隐私的真正意义上的墙，还有一个让人感到暖意融融的火塘。

七、他们拥有了自己的财产，过上了幸福的家庭生活

小熊是一名出色的猎手，他打的猎物总是很多。这些猎物除了给部族里的人分配外，自己还能留下一些，于是小熊便用这些剩余的猎物换来了许多物品。久而久之，他们有了自己私有的财产。

▲ 考古发现有大批随葬品的史前古墓

在陶寺遗址发掘的上千座墓葬中，其中90％都是小型墓，一无所有；大概不到10％的中型墓中，有十几件随葬品；在占总数约1％的几座大型墓葬里，人们发现了上百件的随葬品。可见当时极少数人已经掌握了大部分财富。

时光流逝，这一年小熊的妻子怀孕了。小熊看着妻子日渐鼓起的肚子想，我的孩子终于知道自己的父亲是谁了，我有好多的东西要传给他……可是人有旦夕祸福，小熊的希望落空了——孩子在降生后夭折了，好在母亲还活着。

夫妻二人和当时所有的人一样都相信有灵魂。他们想：死去孩子的灵魂是那么弱小，一定还需要他们照顾，一定不愿意和他们分离。于是，他们决定把孩子埋在自己住的房子旁边，这样对自己、对孩子多少是个安慰。小熊的妻子做了一个瓮，她把孩子的尸骨放在瓮里，然后又在瓮上打了一个孔，将孩子下葬了。

这种下葬形式叫作瓮棺葬。之所以要在盛器上打孔，是因为当时的人们认为用密封的盛器会将死者的灵魂

▲ 夫妻二人准备下葬夭折的孩子

也同样封在其中，这样不好。因此要打一个洞，让死者的灵魂可以自由出入。

两年以后，小熊的妻子又怀孕了，但她照样艰辛地劳作。史前时代的孕妇没有现代人那么多的讲究，只要身体状态许可就要日复一日地干活。因为生活就好像身后的一只猛兽，追赶着他们，驱使他们不停地奔跑。

这一次，孩子顺利地降生了，且健康地成长着。

> **瓮棺葬：**古代墓葬形式之一，以瓮、盆为葬具。这种葬俗流行于新石器时代至汉朝，常用来埋葬幼儿和少年。中国的新石器时代遗址里常有儿童瓮棺葬，个别成人也有用瓮棺。有人将洗骨葬和火葬的葬具称作藏骨器或骨灰瓮，以区别于一般的瓮棺。

战争有时候就像天上的雨说来就来，这是小熊参加的第一次部族战争，战争为他赢得了勇敢无畏的名声。在不种地、不打仗的日子里，小熊要背着自家的猎物或粮食，到很远的地方去换回盐或布之类的东西。妻子迷恋上了制陶，她搭起了一个陶窑，这样就可以对家庭建设多做一点贡献。而作为丈夫，小熊总是想哪怕自己再苦、再累，也要尽量让妻子和孩子过得好一些。

八、完美的结束，残忍的开端

30岁的小熊在他的部族中已算是一个长寿的长辈了，因为他的部族平均寿命只有25岁。

有一天，小熊发起了高烧，巫医的舞蹈和草药都不管用，他知道自己要死了。临死前他并不感到恐惧，相反他觉得很幸福，也很自豪：他有爱他、温顺地服从他并为他生育了儿女的贤良妻子；他创造了自己的财富、创造了自己的家且后继有人；他是部族中公认的优秀猎人、勇敢战士……

接下来，人们要厚葬他。巫师带人把他抬到高高的山冈上，这是部族墓地中最显赫的位置。人们认为只有这样才配得上他生前所做的一切，人们希望他的灵魂仍会护卫着他们的部族。人们将他生前用过的喜爱的武器、工具、物品放到了墓中，将他在另一个世界可能会用的东西也放到了墓中，最后将

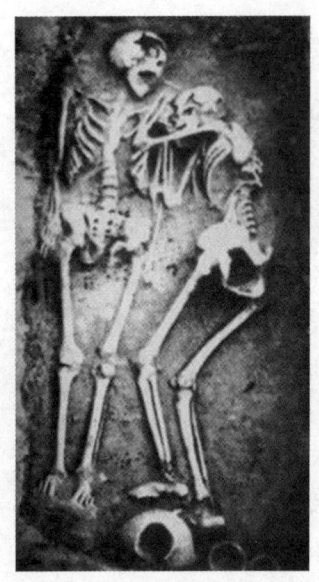

▲ 最早的殉葬

他生前深深爱着的且也深深爱着他的妻子也放进了墓中。

1973年，考古学家从甘肃省的一座史前男女合葬墓中看到，女人的双手搭在男人的肩上，紧紧依偎着他，没有任何挣扎的迹象。历史学家推测这可能是最早出现的殉葬，是阶级社会出现的先兆；也可能是最古老的爱情的表现。

这就是一个普通史前人一生的故事。隔着遥远的时空人们从中可以看到：史前人与现代人之间虽然有着迥异的社会和文化，但在他们的生活中同样也有爱情，也有欢乐和悲伤，同样需要改变生活的勇气。两者之间存在着一脉相承的连贯性，因为今天的一切都源自于那遥远的时代、那古老的生活。

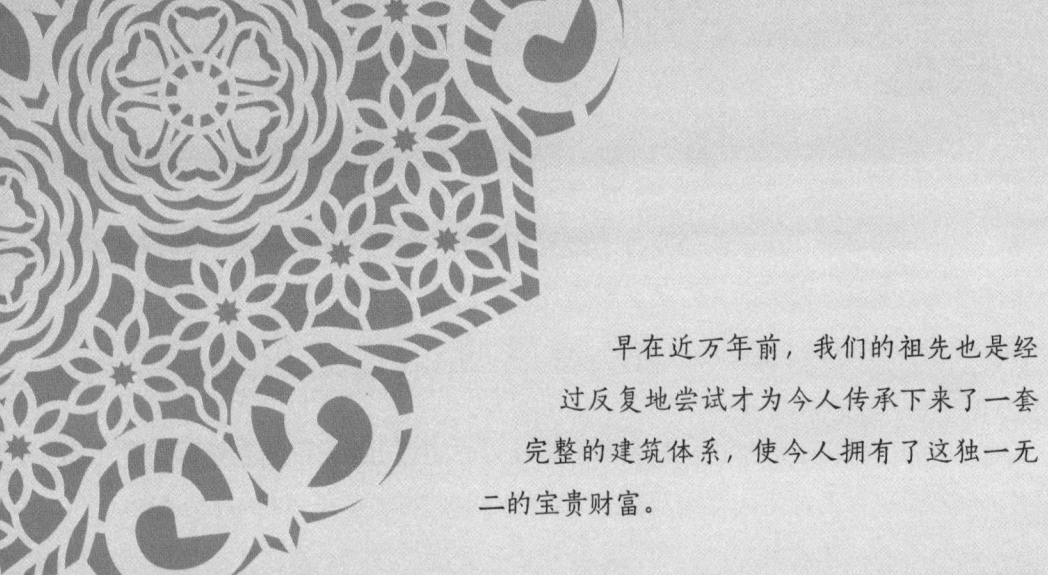

早在近万年前,我们的祖先也是经过反复地尝试才为今人传承下来了一套完整的建筑体系,使今人拥有了这独一无二的宝贵财富。

筑屋记

当今的社会,随着城市人口的激增、人们对居住要求的不断提高,及受到用来建房的土地资源不可再生性的限制,都市人只能向都市的空间、都市的边缘来寻找属于自己的居住空间,于是楼越建越高,城市也越来越大。但是当人们历尽千辛万苦,真正地谋求到了钢筋水泥丛林中那一间属于自己的"鸽子笼"后,喜悦很快就会被另一种莫名其妙的感觉所取代,因为大家总觉得又少了些什么。接下来,到郊区去住别墅又成了一种新的时尚。其实人们这种从下到上,又从上到下、从里到外的"折腾"并不是什么新生事物,也不是什么坏事,因为早在近万年前,我们的祖先也是经过反复地尝试才为今人传承下来了一套完整的建筑体系,使今人拥有了这独一无二的宝贵财富。

大约在距今1万年前的时候,我们人类的祖先——史前人类已经学会了耕作。为了寻找适合耕种的土地,寻找可以灌溉的水源等,他们陆续离开了世代居住的山洞,走向了更加广阔的世界。但是,一旦离开了山洞这种可以遮风避雨的家,他们的命运又会怎样呢?

在8000多年前,一个原始部落离开了山洞,几经跋涉他们发现了一片适宜耕种的土地。这里北边高耸着山梁,南面则有一条清澈的河……于是他们决定在此安顿下来。这里就是今甘肃省天水市秦安县附近的大地湾,由于特殊的地理环境,比之于西北内陆省份的其他地区,这里的气候算得上是比较温润的。因地而名,今人将这一最早居住于此地的古老部落称为大地湾人。

夜幕降临,远道而来的大地湾人在新的家园上升起了第一堆篝火。新的土地,新的生活,一切都让他们充满了热望,他们欢乐地歌唱着。谁知天有不测风云,那令大地湾人无比敬畏的大自然对他们施加了狂暴的力量,仅仅是一阵小小的雷阵雨就将他们的篝火和欢乐一齐浇得烟消云散。于是为了遮风避雨,人类在这片土地上留下了最早的建筑。

一、大地湾人的杰作——窑洞与地穴式建筑

在建房前,当时大地湾人的全部灵感都来源于他们刚刚离开不久的山洞。大地湾正好地处今天的黄土高原,从蒙古高原吹来的风携带着大量的黄土堆积在这里,年深日久,黄土层越来越厚。这松软的黄土使得大地湾人很容易实现自己的设计,于是在深厚的断崖上,人们开始建造他们最初的房子。这种最古老的建筑形式在今天仍然存在着,这就是当今人们所知的窑洞。可是在一个特定的区域内并没有那么多合适的断崖供人们挖窑洞,也就是说,窑洞并不能满足大地湾人的需求,于是一些人决定先挖一个坑凑合着住算了,这就是后来建筑学所提到的地穴式建筑。

地穴式建筑的好处是可以摆脱地形的束缚而随处建造,这样,部族里的人就很容易聚居在一起形成村落。但是,地穴式建筑致命的缺陷是它敞开的口很容易进雨,毛毛细雨还好,如果雨大了,居室就将变成澡盆。于是,吃尽了雨水苦头的大地湾人想了一个办法,他们决

▲ 8000多年前大地湾人的窑洞

定在穴口上面增加一个用木棍和草扎制而成的顶盖，为了防水，还抹上了泥。这种顶盖，最终演变成了日后各式各样的房顶。如在1977年，考古学家对大地湾一期遗址的挖掘中，发现了史前人建造的地穴式房子。这种房子不大，面积只有6—7平方米，房子的地面四周有一些洞，洞口都向着地穴上空的中心倾斜。据此考古学家们推测，这些洞当年是用来插一些粗木头以支撑顶盖用的，属于尖房顶的一部分。

▲ 8000多年前，大地湾人地穴式建筑遗迹

另根据一些其他的重要出土文物，现代人还从中了解到：当时的大地湾人住在尖顶的地穴里，吃着中国北方最早的农作物——黍，用着精美的彩陶器皿（迄今在中国境内发现的最早的彩陶），其乐融融。

黍：是小杂粮的一种，中国北方重要的粮食作物，成熟以后为金黄色。黍去皮以后叫黄米，有黏性，是端午节做粽子的原料之一。我国古代用黍百颗排列起来，取其长度作为一尺的标准，叫黍尺。

二、河姆渡人和他们的干栏式建筑

大地湾人所代表的是生活在北方的史前人的居住情况，而在气候和生活环境跟北方都不一样的南方，人们的居住情况又是另外一个样子。

几乎在大地湾人离开山洞、建造房屋的同时，在南方，在浙江省余姚市河姆渡，也有一个部落离开了他们原先熟悉的居住环境——密林。在传说中，他们被叫作"有巢氏"，也就是

有巢氏：中国古代神话人物，五氏之一，五氏的另外四个是燧人氏、伏羲氏、女娲氏、神农氏。有巢氏的任务就是教会人们在树上用树枝树叶建造出简陋的蓬盖，可以躲避野兽和洪水。这就是原始的房屋。有巢氏代表了从原始的山洞居住发展到建造房屋的阶段，是人类进步的一个标志。

▲ 河姆渡人的干栏式建筑（吊脚楼）

▲ 7000多年前的河姆渡人建筑遗址

像鸟一样住在巢里的人。但不管原居住情况怎样，只要他们离开了那里，他们就开始面临着和大地湾人一样的处境，只不过他们置身的地方河湖纵横、潮湿多雨、虫蛇出没。

与大地湾人不同的是，河姆渡人的建房灵感来自树上的巢。据此，他们先是在地上打桩，铺上木板，构成架空的居住面，然后立柱、架梁、盖房顶。这种底层高于地面，既防潮又能防止虫蛇侵袭的建筑叫干栏式建筑，也就是俗称的"吊脚楼"。如1973年人们对河姆渡遗址的挖掘中就看到了这样一个蔚为壮观的景象：大片大片的木构件被挖掘出来，横置的木板密密麻麻，几乎遍及整个发掘区，竖插的木桩一排又一排，纵横交错……

在河姆渡人的建筑中还存在着许多令今人惊诧不已的地方：

首先，河姆渡人的建筑完全是木结构的，高有三四米，长的有20多米，其中用到了许多粗大的原木。这在还没有金属工具的当时，其难度是可想而知的。

▲ 河姆渡出土的石楔

进而人们又发现，河姆渡人居然在7000多年前就采用了榫卯技术。这些榫卯是在没有金属工具的情况下用简单的石斧、石锛、石凿加工出来的。

而更令人费解的是，在挖掘现场出土的许多长长的大木板居然是将巨树纵向剖开制得的。当时没有锯，聪明的河姆渡人发明创造了一种史前的新工具——石楔，他们将其嵌入粗大的树干，将之胀裂成了一块块的板子。

三、"走"上地面的大地湾人

随着时光的推移，河姆渡人一直稳定地生活在他们的干栏式房屋里，而大地湾人的建筑形式则是在一点点地发育成长。

可能是为了采光、通风或减少挖掘工作量等多种原因，住在地穴中的大地湾人就要把地穴挖得浅一点，但这样就必须把房顶支撑起来，于是立柱就出现了。而有了立柱就要有墙，好在那个时候房顶和墙的扎制方法差不多。因为有了柱和墙，房子也就逐渐向地面发展了。

▲ 今日大地湾

从对距今6000多年前的大地湾二期遗址的挖掘来看，发现了一座面积达20平方米的大房子。这座房屋四周已具备了真正的墙，在房子中间，当年立柱子的地方还保留有四个大洞，而且在房间内部还出现了用于隔断作用的隔墙，将房间隔出了几个独立的小天地。那么，这堵隔墙是干什么用的呢？是为了避风、防火，还是保护隐私……

结合其他考古发现，一幅展示我们祖先生活的画卷展现在了人们面前。

6000多年前的一个晚上，这里篝火通明、欢声笑语。一个部族的男人来和另一个部族的女人欢会。这是史前的恋爱方式，为了排除血亲婚配，男子

▲ 距今6000多年前大地湾人的房屋

总是到本氏族以外的氏族去求偶。当一个男人相中了自己心爱的姑娘，他就会在姑娘的氏族里过夜，而在白天，他又会回到自己的氏族里去。他们不在一起劳动，没有共同的财产，他们的爱情关系有时候维持得长一点，有时候又很短。这样，在女方的氏族里，会专门为这些外来的男人准备出一小块地方，供他们和自己氏族里的女子欢愉。这种场所有时候是在大房子里用矮墙隔出来的一小块地方，有时候则是一间单独的小房子，作用是保护他们的隐私。

四、对称布局——大地湾人在建筑学上的一大发明创造

时光飞快地流逝，转眼又2000多年过去了。"走"上地面的大地湾人住在他们更为舒适的家里，日子过得越来越好、人口也越来越多，他们的房子也越盖越多。于是，在这些房子中出现了一座史前最伟大的建筑。

1982年，甘肃省文物考古队对距今5000多年前的大地湾遗址进行了一次大规模的挖掘。在这次考古挖掘中，一座远远超出人们想象的史前建筑露出了庐山真面目。按当时的编号，这座建筑叫"F901"。经过对"F901"的局部测量，它的主室面积有130多平方米，还有一个直径2米多的巨大火塘。在火塘的后面有2个柱坑，根据坑的直径推算，当时立着的柱子直径应该在50厘米以上，而整座建筑的高度大约在6～7米左右，与今

> **火塘：** 在室内地上挖成的小坑，四周垒上砖石，中间生火取暖、做饭。在南方亚热带地区的少数民族家庭中通常都有一个或几个火塘，成为人们在家中取暖、照明、做饭、睡卧乃至进行人际交往、聚会议事、祭祀神灵的重要场所。学者认为，火塘分别是家庭、家族关系、生计和性别的象征。

筑屋记

117

天的两层楼房相当。在主室的后面，还并排立着8根大柱，将空间一分为九，被称为后室的9间房子……如此大的一座建筑，在史前人时代绝不是一个普通的场所。因为通过以往的考古，人们知道：从夏、商、周到汉朝、唐朝，乃至明、清时期，中国主要的宫殿大都是这样，以木柱支撑面积巨大的厅堂，最典型的例子就是故宫。再看看"F901"的全貌人们还发现：这座建筑以大门和火塘及其延长线为中轴，形成了中国后世土木建筑所遵循的对称布局，相传数千年。它是我国传统木建筑的最早模式，创造了后来富有民族特色的宫殿建筑的雏形。接下来更令人惊诧的是"F901"的地面。"F901"的地面分为三层，最下面一层是红烧土，中间一层是沙石，里面掺和了大量的黏土陶粒，而最上面竟然是一层水泥。经过检测，这种水泥与今天100号水泥的强度相当。5000多年前的大地湾人是怎么做出这种地面的，这对于今人来讲仍然是一个谜。可目前的发掘部分只占大地湾遗址总面积的一小部分，还会有多少建筑的奇迹出现人们虽然还不知道，却充满了信心与期

红烧土： 远古人类最豪华的住宅——红烧土房倒塌后堆积形成的。当时的人类用粗木和泥土混合物搭建出墙体和屋顶，再用火烘烤，直至整个房屋变成红色。红烧房是原始人烧制的最大最硬的一件陶制品。

▲ "F901"原址

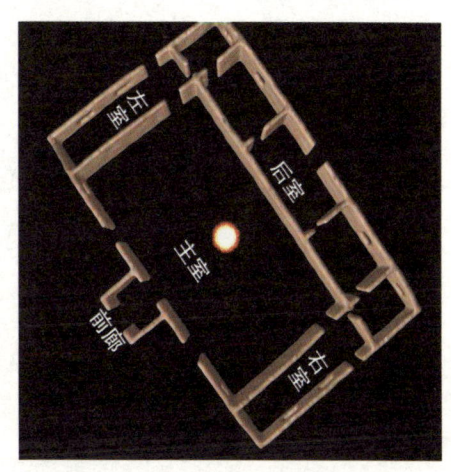

▲ "F901"开创了中国土木建筑日后发展所遵循的对称布局，堪称大地湾人的一大发明

▲ "F901"的地面

望。因为在大地湾路边的断崖上，随处可见史前人制作房屋地面留下的黏土陶粒……

综上，我们的祖先从近万年前离开洞穴，经过3000年的时间，终于建起了原始的宫殿。中国人用土木盖房子的传统就这样形成了，而且这个传统作为一种独特的建筑体系一直流传下来。今天，人们不仅可以在宏伟的皇家宫殿里看到它，即使在最普通的民居里，也有它深深的烙印。它是我们祖先留给后人独一无二的宝贵财富。

世界上有很多东西都是那么平常，平常得以至于人们都不会特别注意它们，比如锅碗瓢盆。可您有没有想过，这些东西并不是天经地义就应该出现在我们生活中的。如果没有这些东西，您该怎么做饭？怎么烧水？

锅碗记

很久以前，我们的祖先没有锅、没有笼屉……什么都没有。

在初春的季节，喝上一杯清香的玫瑰花茶，仿佛置身大自然，一切都是那么惬意。然而在远古的时候，人们怎样才能够得到一杯开水呢？你可能会说，当然是烧，没错，但要是没有锅呢？在远古时代，我们祖先的生活中除了视力所及的大自然，什么都没有。人类诞生后的几十万年间，他们不知开水和熟食为何物。多亏有了火，让我们的祖先可以享受到煮熟了的食物的美妙味道，还帮助他们弄出了锅碗等容器。

一、自从学会了用火，人类开始进入了烹饪时代，首先发明的是烧烤

人类第一次接触到的火，一定是大自然的火，也许是雷电，也许是堆积的树叶发生了自燃。于是，森林里燃起了熊熊大火，动物们四处奔逃，有一些不幸的动物葬身火海，而对于那些幸存下来的远古人类，这场从天而降的

远祖之谜

▲ 北京人用火的想象图

大火未必全是坏事。

那些烧焦的生灵，变成了史前人类的果腹之物。我们的祖先发现，这些被火烤过的动物吃起来味道要好得多。那么，这些偶然得之的熟食能变成经常享用的美味吗？

1935年，在北京西南的周口店，人类考古学取得了一个举世震惊的成果。在这里，人们不仅找到了距今50万年前的北京人的头盖骨化石，而且还在他们居住的洞穴里发现了大量的灰烬。这些灰烬究竟说明了什么？中外科学家们为此争论不休——它是天然火留下的印迹还是远古的人类开始用火的杰作？

经过更深入的考古研究和分析，科学家们最后对"居住在周口店的北京人会使用火来加工食物"这一命题给予了肯定。因为在周口店遗址中，考古人员发现了大量的灰（其中有一层灰有6米厚），还有一些被敲碎的动物的烧骨，这些都不大可能是自然力所为。

50万年前，居住在周口店的北京人迈出了人类历史上重要的一步。他们在世界上最早开始使用火。火带来了温暖，它照亮了黑暗中的世界，让那些凶猛的野兽害怕，它还让人品尝到了从未体验过的滋味。人类喜欢上了火，也喜欢上了熟食的味道。烹饪的历史就这样开始了，而烧烤是人类的第一种烹饪方法。

烧烤出来的食物是一种永恒的美味，要不然，我们怎么直到今天还是那么爱吃烤肉呢？不过，在我们人类学会用火以后的很长一段时间里，烧烤曾是人类唯一的烹饪方法，这就未免显得有些单调。如果今天人类仍然只用烧烤一种烹饪方法的话，可以肯定，不仅我们的口味，就连我们的肠胃也一定会受不了。而我们的祖先却不懂什么叫上火，他们一如既往地信赖烧烤，任何东西都是烤熟了再吃,包括稻子、谷子。

稻谷的烧烤很简单,祖先们先是找一块平且薄的石板,在石板下升火,将石板烤热,然后在石板上铺上稻子粒、谷子粒,并不停地拨弄。这在我们的祖先看来是非常美味的食物,它有一股谷物所特有的香味。祖先们这种拿来必烤之的烹饪方法直到距今1万多年前才有了改变。

二、制陶的方法一直沿用至今

1万多年前,在我们那些刚刚开始种庄稼的祖先之中,发生了一件极其偶然而又意义重大的事情。这件事情是从几只竹篮子开始的。

一个人编了一只竹筐,他想用它打水。

第二个人往竹筐外面糊了一层泥,结果还是不行。

第三个人看到了同伴的失败,他不愿意再当傻瓜,做这种徒劳的工作。他把糊了泥的筐扔到了火里一弃了之,陶就这样诞生了。

奇怪的是,这无心得来的容器,却真的能够盛起水。而且,被火烧过之后,它就不再怕火了。考古学家们到现在也没有真正弄明白,人类为何会突发奇想,让黏土变成陶。大多数人认为它并不是一项刻意的发明,而很可能是因为某种原因,要使用一种抹有泥巴的竹篮,篮子不慎烧坏了,却成就了陶器。

考古发现,中国最早的陶器诞生于距今约1.5万年前。最早的实物出土于湖南省道县的玉蟾岩遗址,从这里出土的陶片经复原形成了一个尖环体的陶罐。

今天,我们仍然在制陶。那些电动的工具和快速生产的流水线,

▲ 陶应该是在无意中发明的

很容易使我们忽略今天的制陶工艺其实包含着上万年前史前人类的智慧。

制陶的第一道工序是和泥，我们今天处理泥坯的许多手法其实都是史前人创造的。比如，在史前的时候，人们就意识到，含有水的泥坯遇火之后会受热变形，甚至开裂。为了防止泥坯被烧裂，史前的人通常会往泥里加一点沙子，做成加沙粗陶。有时候，他们也会往里面加一点稻谷壳，稻谷壳烧成炭以后就成了加炭陶。无论加沙还是加炭，都可以起到防止器皿烧裂的作用。

▲ 玉蟾岩遗址出土的陶罐

那么，为什么加沙或加炭陶能防止高温烧裂？这其中有很多不为人知的科学道理。原来，稻壳中虽然含有五分之四的有机物，但其中还有一部分是二氧化硅，所以其成分和沙子是接近的。在高温下，沙子和稻壳的变形要小得多，所以掺入了这两样物质的陶土在烧制时不易开裂。我们的祖先也许不能说出上述道理所在，但他们的发明一直沿用至今。

三、釜很可能是鼎的前身，有了釜，祖先们由单一的烧烤发展到煮和涮

今天在制作陶器时用来成型的装置叫陶轮：把陶泥放在陶轮上，借助陶轮快速旋转的力量，提拉陶泥成型。陶轮在5000多年前就出现了，只不过那时候不是电动的，而是需要用人的手或脚来使它转动。

现代的一些少数民族仍然保留着古老的手工制陶技术，让我们可以想象史前人类制陶的情景。在史前，人们的制作工具虽然简陋，但制陶的技术水平却达到了令人难以置信的程度。

1972年，美国总统尼克松访华时，曾特意要求看一看黑陶。黑陶出土在山东省日照市，有4000多年历史，它的厚度只有0.3毫米，最薄的边缘部分

只有 0.1 毫米，叫蛋壳黑陶，被世界考古学界称为陶艺的一绝。

即使是现在，烧制出蛋壳般薄的陶器也是一项难度极高的挑战。这还不算，祖先们烧制的陶器上的精美图案则更让人叹为观止，其中以距今 8000 多年前的甘肃马家窑陶器最为知名。

在一件马家窑陶的陶盆里，连续画有很多规整的同心圆，线条特别流畅完美，似乎是恣意挥就的，但仔细看来，除非受过专门的训练，否则很难画得那么圆满纯熟。

马家窑彩陶的图案丰富多样，从目前发掘的资料来看，大约有 1000 多种，如果细分，数字还远远不止这个。马家窑人喜欢画各种各样的水波纹，他们盛水的器具也特别多。有一种打水用的器具叫尖嘴瓶，器身像个纺锤，它尖尖的瓶底可以减少入水时的阻力。因为人们总是提着这种尖嘴瓶去打水，使马家窑人对水有了细微的观察；而水的身影也就跑到了马家窑人的水具上。这种水具最常见的图案是以代表漩涡的圆圈为中心，向四周发散成束的水波线，仿佛平静的水面下潜藏着波澜。

马家窑彩陶还有一绝，就是面对同一件陶器，无论俯视还是平视都能看到完整的花纹。那时的人怎么会设计出这样的图案呢？也许那时彩陶摆在地面上，人们经常居高临下俯视它，而使用时，又往往平视，这样的生活现实，锻炼了

> **釜**：圆底、无足，必须安置在炉灶之上或是以其他物体支撑来烹饪食物的器具，可以直接用来煮、炖、煎、炒等，可视为锅的前身。釜的形状类似于现在的罐，早在仰韶文化时期，就出现了与陶灶相配合的陶釜。魏晋时期，釜成为普遍使用的烹饪工具。
>
> **黑陶**：新石器时代出现的一种黑色素胎陶质器皿。典型的黑陶薄如蛋壳，表面光亮润滑，胎的断面里外都是黑色。黑陶的烧成温度达 1000 摄氏度左右，有细泥、泥质和夹砂三种，其中以细泥薄壁黑陶制作水平最高。

▲ 龙山黑陶，薄如蛋壳

马家窑人设计立体图案的才能。这些巧夺天工的陶器被现代人视作珍宝，而在我们的祖先眼里，就是他们做饭用的物件，就是一些锅碗瓢盆而已。

在史前，最常用的一种陶器叫作釜，它是拿来当锅用的。釜底大部分是圆的，平放不稳，虽然可以直接放到火塘里加热，但终究不方便，所以，更多的时候，人们就用三块石头把它支起来。有很多研究者认为，鼎可能就是从支着石块的陶釜演变而来的。后来到了商、周时期，鼎变成了举行各种礼仪活动时使用的重器，甚至成了国家的象征。史料记载，周天子有九鼎，这九座鼎就象征着周朝的疆域；而"问鼎"这个词，就有了争夺江山的含义。而有了釜和鼎，煮——这种烹饪方法就逐渐普及起来。

在没有釜和鼎之前，煮的方法也存在，只是非常麻烦。史前人要先在地上挖一个坑，铺上叶子，而食物呢，就用稻草之类的东西包好。往坑里倒上水，然后把烧得炽热的石头不断地加进水里，使水的温度升高，再把食物放进水里。而有了釜和鼎，煮东西就方便了，而且熟得也快。

就像现在的锅一样，釜也可以用来涮。在我国出土过一种陶制的灶，它实际上是一个便携式的炉子，可以和釜配合使用。我们今天吃火锅的炉子，应该就是这么演变过来的。涮——这种简便的烹饪方法，也许在史前的时候就比较流行了。

▲ 古时人们这样用釜，后来釜发展成了鼎

▲ 史前人煮食模拟图

四、就运用蒸汽的历史而言，中国人要古老得多

蒸是在煮之后发明出来的烹饪方法。今天我们蒸食物比较简单，往锅里加一个箅子，把食物和锅里的水分开就可以了。但在新石器时代，蒸的实现需要一个特别的炊具，这个炊具叫甑。它是一种类似陶盆的陶器，不同的是这个东西是漏的，它的下面开有若干个小孔。那么，用它怎么来蒸东西呢？

甑的发明有 5000 年以上的历史。甑和釜常常联合使用，下面盛水，甑放在上面。甑的工作原理和今天的蒸锅一样，把水烧好以后，通过蒸汽把上面的食物蒸熟。也许史前人的火没有我们煤气灶上的火旺，也许陶制的甑没有我们今天的金属锅导热性好，可是，古人的那碗饭却比我们的那碗饭更具有历史的开创性。甑是了不起的发明。西方人发明蒸汽机，但就运用蒸汽的历史而言，中国人却要古老得多。

蒸是中国烹饪里非常独特的方法。西方人很少用蒸的方法来进行烹饪，许多西厨直到今天连蒸的概念都没有。这也难怪，同样是面粉，我们中国人是用蒸的方法来做馒头，而西方人则习惯于用火直接烤面包。我们中国人蒸的传统应该就是从祖先那个时代的甑开始的。

古人已经用了烤、煮、涮、蒸这几种烹饪方法，这几种方法加工出来的食物，各有不同的口感，但你能想象，史前人也会烙饼吗？

在史前还有一种器具，叫作铛，这种东西是烙饼用的，跟我们今天的平锅很像。那时候石磨、石棒已经出现了，将谷物磨成粉、捏成团，有了铛，就可以烙饼了。铛是非常重要的发明，因为过去认为饼食、面食在中国的起源是比较晚的，而铛的出现说明中国人接触这类食物并不晚，至少已有 5000 年左右的历史。

古代把我们现在说的面食、饼统称为饼。很长一段时间以来，学术界都认为饼食在中国起源是比较晚的，认为它是汉朝从西亚输入小麦开始，然后种植小麦磨面，才做成各种各样的饼，甚至烧饼都叫作胡饼，意为西域地区少数民族食用的食品。实际上考古学家发现了比汉朝还要早的石磨，还有在

> 《齐民要术》：北魏时期杰出的农学家贾思勰所著，系统地总结了6世纪以前黄河中下游地区农牧业生产经验、野生植物的利用等，对中国古代农学的发展有着重大影响，是世界农学史上最早的专著之一，也是我国现存最完整的农书。达尔文研究进化论时曾参考此书。

更早的新石器时代的仰韶文化中，就已经见到烙饼的饼铛。

早在史前的时候，我们的老祖宗就开始吃面食了。人们把谷物加工成粉，可以蒸、可以烤，也可以煮，还可以加馅，面的吃法变得越来越丰富，这样，我们今天才有了各种各样美味的面食。

另外烤的方法也在发展。在史前出现过一些陶做的烤箅，在上面放上食物，烤鱼、烤肉。这种箅子的好处是便于烹饪小块的肉食，促进了食物的精细加工。

我们今天最常用的一种烹饪方法——炒，反倒是很晚才出现的。炒的记载最早出现在北魏时期的科学著作《齐民要术》里。炒出现以后，一直没有成为烹饪的主流。直到明清以后，不知道为什么，炒开始流行起来，成为使用最广泛的一种烹饪方法。

▲ 陶箅

五、7000多年前的古人用什么吃饭

炊具齐备了，各种烹饪方法也出现了，我们的祖先可以享受他们的美味了，不过在此之前，他们还需要准备一下餐具。

这里有一个考题：7000多年前的古人用什么吃饭？有三个选项：勺子、叉子，还有手。一般人都会毫不犹豫地选择最后一个选项吧！

其实，距今7000多年的史前人普遍用勺子吃饭，这可能跟烹饪方法有关系。那时候有了陶器，煮的方法比较普遍。用煮的方法得到的常常是稀饭，稀饭刚出锅的时候很烫手，而用勺子则是最省事的。想必历史上第一个用勺子吃饭的人，看到同伴们还在用手进食，一定洋洋自得吧。

勺子的普及，和它很容易加工和使用有关，那些随处可见的石头片、骨头和木棍，都有可能当勺子来使用。

吃饭的工具总是很重要的，所以，在史前，人死了是要把死者生前吃饭的勺子随葬的。从出土的勺子看，勺把上一般都有穿绳子的孔，勺子可能系在死者的腰间。考古学家推测，我们的先民那时候还没有置办橱柜之类的家具来放置勺子，他们就别出心裁地把勺子系在腰上。那样不仅不容易丢，而且取用起来非常方便，每到一处就餐，就可以解下来使用。而且这种一人一匙的做法，恐怕也可列入文明用餐的范畴吧。

除了勺子，令人难以置信的是，中国最古老的进食器具中，居然还有餐叉这玩意。这种餐叉大多是骨质，跟我们现在用的西餐餐叉非常接近，而且出土的时候，是和勺子、骨刀配套的，跟现在的西餐餐具的配套也是一样的。

人人皆知叉子是西餐使用的餐具，但实际上西餐用叉子的历史是比较短的。根据历史学家和考古学家的研究，西方用餐叉进食，最多也只有1000年的历史，而且一般都是在贵族阶层，一般平民使用叉子的历史可能只有五六百年，而中国人使用叉子应该比西方要早3000年左右。

今天，中国人用筷子吃饭，但筷子究竟是在什么时候出现的，又是怎么取代叉子的，这还是考古学上的一个谜。不过，我们知道在夏商时期中国人就已经开始使用筷子了。

史前的人们享用着自己狩猎或收获来的食物。他们用陶器盛装和加工这些食物，他们烤、煮、涮、蒸，施展技艺；他们挥动餐具，他们感到幸福。这是史前人难得的一个时刻，所有的人都心满意足。

1961年夏天的一个傍晚，重庆市云阳县李家坝，一群孩子在彭溪河边玩耍。他们身后是一片很大的台地，台地上是庄稼和家园，在台地下面的河床边，一件奇怪的东西引起了他们的兴趣，这是一把远古时期的青铜短剑。

▲ 巴式青铜柳叶剑

巴人之谜

一、剑

巴人：古代大致以今重庆为中心，西达四川东部，东达湖北西部，北达陕南，南及黔中和湘西地区通称为巴国。居息繁衍在这个地域内的古人群通称为巴人。古代巴国只有一个，即姬姓巴国。其余所谓的巴国，都是居息在巴地上称为巴的族群。

彭溪河发源于重庆市开州区，在云阳县汇入长江。在远古时期，这一带是巴国和楚国以及众多部族错综交织的地方。20世纪60年代，地方政府在彭溪河上游修建一个小型水电站，不稳定的水流，使那片台地根部的河床不断地被冲刷，一些古怪的东西被冲了出来。陆陆续续地，李家坝的村民们拾到了许多他们看不懂的东西，这些东西总是同一些人的散碎遗骸同时出现，村民们认为这些是不吉之物，不敢带回家，胆子大一点的人就把它们卖到了废品收购站。

1961年，年轻的胡亚新在李家坝村附近的滴翠中学教授语文和历史，这天，偶然间他有了一个发现。

现已退休的胡亚新回忆说，记得那是一个夏天，下午放学后，我到河边散步，看到三四个学生趴在沙坝里玩"插刀"（渝东的一种儿童游戏），我发现有个学生拿的刀很奇特，比别的"插刀"都要长，我从那个学生手里接过刀一看，刀本身锈迹斑斑，上面有一个虎的图案。当时我就感觉到这可能是巴人的东西。

▲ 巴刀刀身有虎的图案

胡亚新虽已退休，但他依旧保留着对文物的偏好。他家里有许多文史书籍和仿古器物。对于那段往事，他至今记忆犹新。

胡亚新说，那把刀的形制就像柳树叶，剑体称为格的那个地方有一个虎纹图案，当时我还以为是饕餮纹，但仔细看是一只虎。后来经过专家鉴定确实是虎的图案，是典型的巴国兵器。

2001年，在离胡亚新家不远的彭溪河畔，四川大学考古队正在进行紧张的发掘。这里是他们已发掘了多年的战国时期的巴人聚落遗址和墓葬群。丰富的文化沉积令考古学家震惊，尤其是奇特的墓葬群。在许多墓穴里，死者身旁随葬两种以上的青铜兵器。这些兵器有剑、矛、钺、箭镞等，被专家认为是典型的巴式兵器。其中的柳叶青铜剑被认为是辨别巴式兵器的绝对标识。

饕餮纹：青铜器上常见的花纹之一，最早出现在距今5000多年前长江下游地区的良渚文化玉器上，盛行于商朝至西周早期。饕餮纹凶猛庄严，结构严谨，代表了青铜器装饰图案的最高水平。饕餮一词最早出现在宋朝的《宣和博古图》中。

钺：中国古代武器及礼器的一种，形状为长柄斧头。早在新石器时代良渚文化遗址中，就已经发现了玉制的钺。钺作为礼兵器，出现于早商，到西周晚期基本上消失。但作为一种兵器，在唐宋时期仍是一种主要的步兵武器。宋以后，才基本退出战争兵器序列。

远祖之谜

▲ 考古队在考古发掘

1982年，国家体委在全国征集文物，胡亚新将那把珍藏了20年的青铜剑捐给了国家。

与胡亚新一同捐赠文物的还有其他人。他们没有想到自己偶然的举动，会同十余年后三峡考古史上的石破天惊连在一起。

那些被彭溪河水冲刷出来的东西引起了文物部门的注意。从1993年起，四川大学考古队开始了大规模的持续发掘，一个神秘世界出现在考古人员脚下，这就是后来被列为"中国十大考古发现"之一的李家坝巴人遗址。发掘持续至今，有许多秘密仍埋在泥土中。

在记载和传说中，巴人给人们最深的印象是劲勇尚武。在出土的巴式器物上，考古学家发现了大量的象形图语和异样铭文，因为缺乏相关考古学实物的证明，巴人之谜一直是中国历史上的一大悬疑，正如许多古代民族一样，他们的文明早已失落，他们以种种形象出现在现代人的想象之中。

20世纪末，世界上最大的水利枢纽工程在中国长江三峡破土动工，同时，世界上最大的考古工地也出现在这里，大规模的发掘是否能够解开巴人的千古之谜？

四川大学李家坝遗址考古队领队白彬说，李家坝发现的墓葬，完整的组合一般就是青铜剑、青铜矛、青铜钺、青铜戈，这些兵器带有浓厚的巴文化特色，巴人有尚武的习俗，

▲ 想象中的巴人武士

反映了战国时期战乱频繁的历史背景,所以军事气氛比较浓厚,有人推测李家坝墓地是军事性质的墓地。

强烈的军事性质来自数不胜数的出土兵器,这种情形沿彭溪河不断延伸,在彭溪河上游的开州区余家坝,考古学家有同样惊人的发现:在一座5000多平方米的发掘面中,密集的巴人武士墓惊现天下。这些墓葬埋藏了一段鲜为人知的历史,这里发生过一场怎样的战争?这些巴人将士死于何时?史书上没有只言片语的记载。

四川大学考古系教授罗二虎说,基本上每一个巴人男性,死后都随葬兵器,兵器都是成组的。

从20世纪50年代开始,在对巴人遗址的历次发掘中,发现了大量的青铜制品,这些器物分布在渝东、川西、鄂西、湘西、汉中的众多巴文化遗存中,这是一个广阔的地域。这些

▲ 现代人演绎了巴剑的制作过程

青铜器大部分是兵器,其余的青铜器也与战争有关,巴人也许是世界上唯一用战争书写历史的民族,一部巴史就是一部战争史,青铜兵器成为他们种族繁衍和丈量世界的生命标尺。

湖北省鄂州市博物馆文物复原复制研究所所长,53岁的董亚巍,成功地复制过越王勾践剑和秦王剑,在青铜兵器的铸造上,他运用了与古人完全一致的方法。2001年12月,董亚巍演绎了巴剑的制作过程,把我们带回到了遥远的青铜时代。

董亚巍说,荀子在《强国篇》里,用铸造青铜剑形容治理国家的道理:"刑范正、金锡美、工也巧、火齐得、抛形而莫邪已"。是说,有规矩的模具才能制出比较规矩的范来。"火齐得"

> **荀子:** 战国末期赵国人。著名思想家、文学家、政治家,儒家代表人物之一。荀子对儒家思想有所发展,提倡性恶论,其学说常被后人拿来与孟子的"性善说"相比较。此外,荀子也是第一个使用赋的名称和用问答体写赋的人,同屈原一起被称为"辞赋之祖"。

就是冶炼时，火候要掌握得好，齐指的是合金；"工也巧"就是指能工巧匠。

在董亚巍指导下，工人们精心制作出了青铜剑的模具，包括剑的形制、比例和文饰等，用精细的泥土在模具上填铺、夯实。

模具的凸起部分与填土形成剑的范型，将两范相合，形成剑的完整泥范，将泥范放进1050～1100摄氏度高温的倒焰窑中焙烧，温度逐渐上升，直到将泥范料中的结晶水彻底分解。

将烧成陶质的范模从窑中取出，放凉后，将在坩埚中冶炼的铜、锡、铅等合金溶液浇注入陶范中，溶液凝固后，打开合范，取出青铜剑的雏形。

董亚巍说，"剥脱之，砥砺之，则利盘盂"，是指经过加工，青铜剑被磨快了，一剑就能把盘、盂等青铜礼器砍开。

董亚巍说，荀子生活在战国时期，他记录的应该是他亲眼看到的东西。

2000多年前，巴人工匠已经熟练地掌握了制作青铜兵器的技术，今天，我们依然能看到这些杰作。

青铜兵器种类繁多，充满着造型奇特而精巧的图饰，它们绝不是普通的杀人利器，在古代兵器中，没有任何兵器像巴人兵器这样，承载着如此浓烈的宗教色彩和艺术。

春秋战国时期，地处长江中游的巴国与邻近强国长年征战，特别是与强大的楚国长期抗衡。

华中师范大学历史教授张正明说，中国古代有两个民族特别能征善战，北方是蒙古族，南方是巴人。蒙古族的特点：他们的骑兵来如飘风，去如梭电，打到欧洲，打到南亚，行动非常迅速。南方的巴人：商朝时，殷人没把他们征服；周朝时，周人、楚人、蜀人也没把他们征服；后来秦人采取和平妥协的方式，才把巴国吃掉。

不论是古代战争还是现代战争，武器都是决定战斗力的重要因素，从出土的巴式兵器中，人们开始寻找答案。冷兵器时代，武器的长度与其杀伤力成正比，这几乎是不争的事实，但对于古代巴人，也许有完全相反的解释。

对战国时期的秦剑、楚剑、巴剑对照：秦剑长度接近1米，楚剑次之，巴剑最短。在长兵器占绝对优势的古代，巴人为什么要铸造短剑呢？

重庆师范学院历史系教授管维良说，巴人英勇善战、刚猛顽强，敢于近身搏击，他们不追求剑的长度，只追求剑本身的杀伤力。

在罗马的远古图画中，看到那些用短剑格斗的罗马士兵，在搏杀生涯中，短剑与他们的体魄、胆识和勇猛

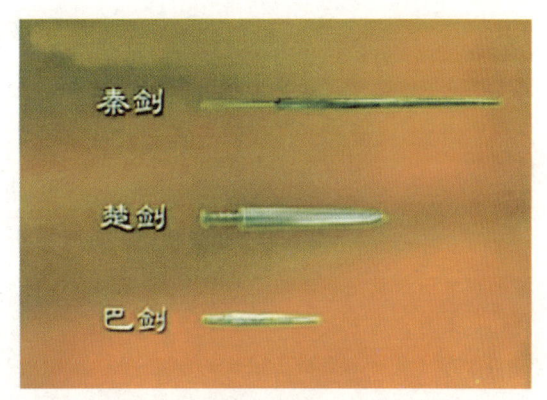

▲ 战国时期，巴剑的长度最短

成为不可分割的一体，从他们身上或许可以看到古代巴人的影子。

短兵相接，需要搏杀者有十分的勇气和强壮灵敏的身体，巴剑或许最大限度地体现出了巴人骠勇的特性，将自己置之死地而后生。

从各地出土的巴式柳叶剑来看，长度大多在30～40厘米；另一种更短的剑仅有20厘米长，形似匕首，这种剑的出土数量较大。考古人员发现了一种奇特的现象，略长的青铜剑，剑刃多有残缺；形似匕首的短剑，剑刃至今仍十分完整锋利，这一切昭示着巴人勇武出众的另一面。

管维良说，短剑是投掷用的，就像现在耍飞刀一样，一下投出去。

四川博物馆研究员王家佑说，肯定是一种掷出去的武器，《司马相如传·赋》后面的颜师古注说："遥节而纵之"。"遥节而纵之"不是一般中原剑的搏刺。

春秋战国时期，一代又一代的巴人工匠，在没有任何仪器辅助的情况下，凭着经验和技艺制作青铜器。巴人兵器的合金配比与冶炼技术已达到很高的水平。

▲ 想象中的巴人武士投掷短剑

> **《考工记》**：中国目前所见年代最早的手工业技术文献，记述了齐国关于手工业各个工种的设计规范和制造工艺，书中保留有先秦大量的手工业生产技术、工艺美术资料，记载了一系列的生产管理和营建制度，该书在中国科技史、工艺美术史和文化史上都占有重要地位。全书共7100余字，作者为齐稷下学宫的学者，主体内容编纂于春秋末至战国初，部分内容补于战国中晚期。

董亚巍说，青铜兵器里，青铜剑的合金含量基本上不分南北。其中，锡含量在18%～20%，其余基本是铜了，铅很少，大概是2%。

20世纪80年代，专家用现代科技手段对重庆涪陵小田溪墓群出土的巴剑的合金比例进行检测，得出结论，除了熔炼中的相对损耗，与古代中原《考工记》上的青铜兵器合金比例的标准基本一致，这与董亚巍的结论不谋而合。

大量青铜兵器的出土，带给考古学家另一种疑虑，在对春秋战国时期中原、秦楚墓葬的发掘中，考古者发现墓主身旁除了随葬的兵器外，都有相应的甲胄；巴人有先进的青铜兵器，在对巴人遗址和墓葬的发掘中，却始终没有找到过巴人作战的甲衣。

罗二虎说，发掘中我们只发现了巴人的铜盔，没有发现甲；但不能断言当时没有甲，可能由于它是用容易腐烂的材料做的，所以没有保存下来。根据其他民族学或者其他古代民族使用的盔甲看，除了金属盔甲外，常用的甲一种是皮的、一种是藤木的，或者是藤竹的。

关于巴人形象的材料是散碎不完整的，远古时期的巴人武士究竟是怎样的形象呢？根据一些考古学的实物资料、文献记录，以及与民族学、人类学相关的依据，还有艺术想象力，四川美术学院雕塑系研究生郭泽洪创作了作品"巴人"。

巴人在史籍中，被称为"强头虎子"，从出土的"巴蜀图语"中，可以找到与这种称呼相应的巴人发型，带

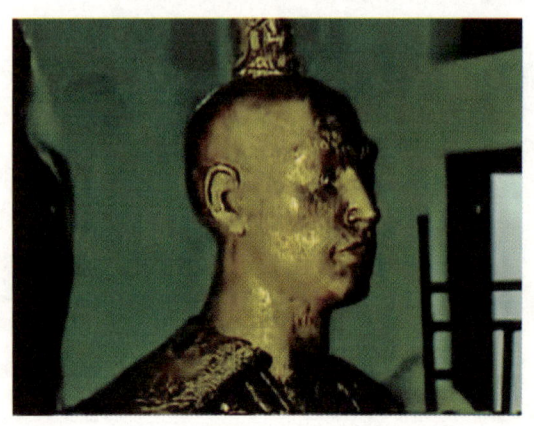

▲ 雕塑作品"巴人"

有锥形发髻的神秘形象，总是同虎的形象形影不离。

郭泽洪说，我参考了许多视觉资料，包括考古发现的巴人头骨，最主要的形象来源是今天的土家族和三峡地区的现代居民，甚至包括一些南方少数民族的形象。

藤皮甲胄，锥形发髻，青铜长戈，柳叶短剑，这些记忆的碎片，带给人们巴人淹没在时间中的依稀形象。

他们是一群持戈仗剑的战士，21世纪，他们在当今世界中渐渐复活，2000多年前，巴国就已消失，2000多年后，人们不断地从这些破碎的青铜断章中，一片片连缀起他们的生活。

巴人靠着他们亲手制作的青铜兵器和勇猛无敌的天性，建立了强大的巴国，这是一个建立在武力和死亡之上的泱泱大国。

2002年6月20日，在北京中国武术运动管理中心的展览室里，人们见到了胡亚新当年捐献的那把巴式青铜柳叶剑，它静静地陈列在那里，铜锈斑驳，纹饰美丽，它的故事仿佛刚刚开始。

多少年过去了，彭溪河水依旧静静地注入长江。曾经发生在胡亚新身上的故事，也许是冥冥中的注定，他当年识读到的不只是青铜剑上那些神秘的纹饰和图语，那一刻他同他的祖先打了个照面。

今天的李家坝，村民们仍生活在他们的田原牧歌和故事中，与他们仅仅隔着一层泥土的竟是几千年前的故事。远古故事中的巴人去哪里了，他们最初的故事又从哪里开始？

二、舞

自从一些奇异的风景和神秘的人物出现在古代东晋诗人陶渊明的笔下，一个神奇的故事在中国广泛流传至今。

陶渊明是中国古代著名的隐居者，他41岁时辞去了彭泽县令，归隐山野。在《桃花源记》中，更多的描写来自陶渊明的想象和民间的传闻。这个

▲ 武陵山区

理想、虚幻的世外乐园或许困扰了诗人一生，并带给后人无尽的想象。

陶渊明笔下的世外圣景"桃花源"真的存在吗？书中描写的"武陵"又在哪里呢？

其实，"武陵"山区位于北纬30度纬线上，发脉于贵州省境内的梵净山，横跨黔、鄂、渝、湘，被长江、乌江、清江、酉水、贡水、沅水等诸多河流交错切割，从而造就出神秘莫测的峡谷、峰峦和洞穴。这里的每块土地都透着《桃花源记》中的神秘与未知。许久以前，这里居住着一个神奇的民族——土家族。

▲ 土家族的传统文化

71岁的谭学朝是今天为数不多的土家族端公。端公是古时巫师的称呼，今天，他们有了新的角色，他们能歌善舞，是将历史和现今连接起来的人。

谭学朝的技艺是父亲传下来的，他不知道自己的家族在这里延续了多少代。现在，他在生活中，时而是歌师、舞者，时而又是具有法力的通灵者。

土家族是唯一深居中国腹地、人口达600多万的少数民族，被史学界认为是曾在长江流域建立过庞大国家的古代巴人的后裔。

20世纪50年代，人类学家潘光旦首先提出了古代巴人与土家人的族源联系，这几乎是里程碑式的开端。

此后，学者开始从历史学、考古学、民族学、人类遗传学等各领域进行研究，获取了丰富的证据，种种迹象表明古巴人与土家人之间存在着许多分割不断的关联。

四川大学历史文化学院考古系教授罗二虎说，巴人认为自己的祖先是白虎，他们崇拜白虎。

华中师范大学历史文化学院教授张正明说，清江流域的土家人特别崇拜老虎，把老虎叫作"老巴子"。

重庆市文化局博物馆处副处长柳春鸣说，巴人因为近水居住，有干栏式建筑；土家人也有这种干栏式建筑。

张正明说，巴人打仗冲锋时载歌载舞，为阵亡战友送葬时也载歌载舞，这种风俗保留至今，这就是清江土家的跳丧。

20世纪末，考古学家在三峡地区发掘出的大量巴人墓葬中，相继发现了高度约2米左右的人骨架，他们身边随葬着成套的巴式青铜兵器。如此高大的身躯令人惊叹，今天的土家人普遍为中等身材，这种现象又如何解释呢？

在陶渊明的时代，广阔的武陵对古人充满了神秘。即使今天，说到武陵，人们透出的仍是神秘。对于"世外桃源"中的隐居者，陶渊明这样描述："男女衣着，悉入外人，黄发垂髫，并怡然自乐"，这些既陌生又生动的面孔，他们的生命或许真的存在过。

36岁的李涛是武汉音乐学院舞蹈系讲师，是一名土家族舞蹈演员，在过

> **原生态**：指没有被特殊雕琢，存在于民间原始的、散发着乡土气息的表演形态，包括原生态唱法、原生态舞蹈、原生态歌手、原生态大写意山水画等。此外也指原生态种植。也可以说，原生态实际上是一个大众文化的符号，它是一种逐渐被人们遗忘或者抛弃民俗文化。

去的十多年里，他研究并实践了本民族的各种民间歌舞，并致力于对这些古老文化的原生状态进行挖掘。

李涛说，我出生在恩施土家族苗族自治州，小时候经常看见跳丧舞、跳摆手舞的。给我印象最深的是上小学时，有一次我们去野游，我看见田里的农民，有的在锄地，有的站在田埂上唱薅草锣鼓。小时候没有多少艺术感受，现在想起来确实是一种艺术化的生活。

中央民族大学人类学系教授庄孔韶，于1988年成为中国第一个民族学博士，1990年获美国华盛顿大学切斯特·弗里茨博士后研究基金。从1997年起，庄教授开始运用综合手段对古代巴人与土家人的关系进行研究，包括民族学、人类学、考古学、分子生物学等多种手段。这是一项跨学科、跨机构进行人类学研究的复杂工程。

> **分子生物学**：在分子水平上研究生命现象的科学。通过研究生物大分子(核酸、蛋白质)的结构、功能和生物合成等方面来阐明各种生命现象的本质。研究内容包括各种生命过程。

庄孔韶说，过去，古人与现代人两者之间找不到可比的东西。自从有了DNA技术，它能用古人的牙齿、用现代人的血液做检测，像一种语言似的，就可以对比了。

罗二虎说，论证一个古代民族和现代某个民族的关系，考古学方法、民族学方法，主要是从外部的、形态的角度去对比分析，是外部形态学的分析；但DNA技术完全是从人内在的，从一个种族内在的遗传序列关系去分析研究。

因为年代久远，族群分支的不确定性，对土家人基因与战国时期巴人基因的对比工作，到现在还没有明晰的结果。根据考古学家在三峡沿线发现大量巴族墓葬的情况分析，庄孔韶将第一个研究地点选择在三峡地区的秭归县。

庄孔韶说，人类学家经常在研究开始时，把问题局限得非常小，墓葬非常具体,史料也是非常明显的区域性史料。我们做的现生的人群也非常具体。选择了一个姓氏的一个群体,看看他的古代跟今天的连接性。

谭姓是土家大姓,与巴人最初的姓氏一脉相承。我们具体的测试对象定在一个谭姓村落,与谭姓家族相对应的材料从同一范围的明朝墓葬中获得。调研队的专家从这些遗骸中提取了 DNA 样本;同时,另一组调研队在谭姓村落中,从不同年龄、性别的村民身体内抽取 DNA 样本。这是一次跨越时空的求证,许多可能就藏在其中。

土家族是个歌舞民族,直到今天,歌舞仍是他们讲述生活的重要方式,这些歌舞包含着什么呢?

▲ 考古

▲ 抽取 DNA 样本

▲ 土家族是个歌舞民族

1960年，考古学家在湖北荆门车桥大坝发掘出一个奇特的墓葬，墓主身边有一把巴式柳叶青铜剑，而另一件兵器尤其引人注目，考古学家称之为"戚"，上面铸有谜语般的图案和铭文。"戚"上的人形图案，头饰野鸡翎，通身鳞甲，手握双头鱼和巨蜥，脚踏日月。他是在跳舞？还是在祈祷？这位死于千百年前的持戚者又是什么人呢？

文字专家认为，铜戚上的铭文具有楚文字的风格，但结构上属于一种完全陌生的文字类型。这个观点引发了学术界的震动和争论。

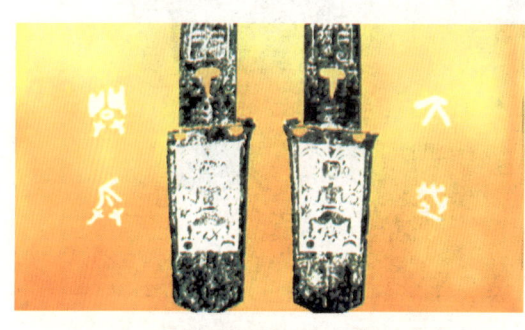

▲ 戚是舞蹈道具

张正明说，"戚"显然不是用于实战的兵器，应该是跳舞时拿在手里的道具。他跳的是武舞，是表现战斗场景的舞蹈，叫"大武之乐"。"戚"上的四字铭文，最早大家对此比较一致的解释是"大武避兵"，后来多数学者倾向于认为是"兵避太岁"，即用兵要避开太岁。

"太岁"即"太岁星"，是古人设想的一颗与木星运行方向相反的行星。

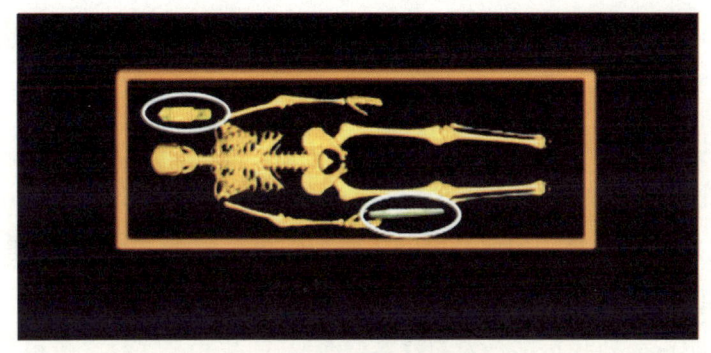

▲ 1960年的考古发现

▲ 铜戚

由于木星在天体运行时会发生逆行和超辰现象，与之相对的太岁星的位置，便被赋予了某种同样神秘的能决定战争胜负的力量。"兵避太岁"，充满了浓烈的军事禁忌和巫术色彩。

关于"大武舞"，据《白虎通·礼乐》记载，周武王依靠前歌后舞的巴人，打败商纣王以后，将巴人的这种战舞改编，取名为"大武舞"。这种舞蹈一直被巴人演练传习。

张正明说，"戚"上的铭文不论什么读法，都不能改变这件铜器的用途，它是用在"大武之乐"上的，表现的是一种威武的舞蹈。

铜戚上的图案和文字几乎就是墓主的墓志铭，他是一个在战场上领舞冲杀的巴人舞者，青铜巴式柳叶剑和墓葬形制，进一步证实了墓主人的身份。

汉字中的舞、巫、武，有着相似的读音，但对于巴人和土家人，更多的品质来自精神层面。善舞、崇巫、尚武，至今仍是学术界连接远古巴人和后世土家人的重要依据。

从文字初始的形义上，可以解读许多远古民族的神秘世界。而对于远古巴人，他们或许更愿意相信自己的勇敢和力量来自神灵和歌舞。直到汉朝，大武舞仍被一支巴人流传在巴蜀地区。

张正明说，刘邦看过巴人的歌舞，他说，"此武王伐纣之舞也"，这是周武王讨伐商纣王的舞蹈。刘邦下令，命宫廷舞人、乐师学习巴人的歌舞，取名叫"巴渝舞"，在汉朝宫廷里表演。

重庆师范学院历史系教授管维良说，考古分析，大武舞戚的拥有者，在巴国是表演大武舞的领舞者，因此他的戚的样式与众不同。

张正明说，他能把铜戚带到自己的坟墓里，表明他有相当的地位。假定是一个"舞蹈队"，他可能就是"队长"。

管维良说，巴国被秦灭亡后，墓主被秦征调，他又拿着舞戚参加伐楚战争，最后战死在荆门。

对于这个神秘的死者，专家们有着种种不同的推测。那些属于一个个体生命的真实背景和故事，也许成了永远的谜。但舞蹈却能告诉我们更多。如果生在今天，他会不会是一名出色的现代土家舞者呢？

《华阳国志·巴志》记载："武王伐纣，实得巴蜀之师，巴师勇锐，歌舞以凌，殷人前徒倒戈"，这是中国历代战事中，唯一以歌舞破敌的例证。数千年来，人们记住了"牧野之战"中这段浪漫的插曲。

2000多年前，长眠在江汉平原的巴人武士，

《华阳国志》：又名《华阳国记》，记录了从远古到东晋永和三年巴蜀史事，地方的出产和历史人物，内容丰富，考证翔实，是研究古代西南地方史和西南少数民族史以及蜀汉、成汉史的重要史料。有学者认为，此书与《越绝书》是中国现存最早的地方志。

牧野之战：周武王联军与商朝军队在牧野进行的决战，以周武王大获全胜而告终。是中国历史上以少胜多，以弱胜强，先发制人的著名战例，也是中国古代车战初期的著名战例。它终止了商朝，确立了西周的统治，为西周时期礼乐文明的全面兴盛开辟了道路。

带走了一枝长戚、一把短剑和来自祖先的秘密。许久以后，我们相信这些秘密仍藏在武陵山中。

李涛说，茅谷斯舞是迄今为止最古老的土家族舞蹈，它是最原始的，又是最简单的，是一种对于土家族生存能力和繁殖能力的崇拜。

遗存于武陵山区的"茅谷斯舞"是一种介于原始舞蹈和原始戏剧的群体活动，表现出最为原生的生命意义和生殖崇拜。古代巴人战舞充分地表现了这种直白，面对死亡的阴影，他们需要一种强烈的表达方式。这，或许就是那个秘密。

1000多年后，人们仍在猜测陶渊明笔下的那些避世者，他们是谁？他们来自何方？

据记载，秦统一天下后，巴人的支系迁往中国各地，他们的文化被汉文化渐渐湮没。唯有进入武陵腹地的巴人，将自己的文化流传了下来。

武陵是巴人最早的家园，经过春秋战国的洗礼、秦戈楚剑的磨砺，这里又成为他们最终的灵魂栖息处。

张正明说，中经巫山，南过武陵山，止于南岭，这是一条又长又宽的文化沉积带。许多古代的文化已被历史的洪流冲刷得一干二净，可在这条文化沉积带里，还保留着古代的歌腔、古代的语音、古代的巫风。

庄孔韶说，根据分子生物学原则和判定标准，表明现在被医学检测的这个群体和明朝墓是一脉相承的。

研究表明了该族群在一定历史时期内的相对稳定性，三峡是古代巴人频繁活动的区域，今天仍有许多土家人生活在这里。

庄孔韶说，分子生物学家对巴人的墓葬做DNA的

▲ 巴人的家园

检测；人类学者和民俗学者也在对现代土家族人群做研究。双方将会建立联系，携手深入考古。

在《桃花源记》的最后，一个人循着捕鱼者留下的路标去寻找神秘的桃花源，但他最终迷失在山重水复中。那个时刻他抬眼四顾，他不知道那条穿越时空的无形神秘纬线正在穿越他的生命，太阳升起之前，一切在他的眼中慢慢地模糊起来。

三、虎

1997年，考古学家在重庆市云阳县的巴人墓葬群中发现了大量奇特的墓坑，这些再次见到阳光的真实图景令人惊奇。这些墓主的遗骸旁，骇然放着成堆的散碎人骨，而且都与随葬品放在一起。这引起了人们的疑问和猜想。

这些场景都是真实的，一些杀戮者，一些被杀的人。远古的人们需要这种血腥的盛宴和舞蹈，从死亡中获得荣耀、信心。这些被时间和泥土凝固下来的图像，成为历史长河中触目惊心的闪回。

玛雅人：为中美洲地区和墨西哥印第安人的一支，公元前约2500年就已定居今墨西哥南部等地区。玛雅人从事农耕、兴建巨大的石头建筑和金字塔神殿、冶炼金和铜，并使用一种现今已大部分能够解读的象形文字，拥有当时西半球最伟大的文明。

考古发现表明，早在商朝初期，中原地区已经盛行"人祭"的习俗。在河南殷墟出土的商朝甲骨文，对此做了形象的记录。《书经·甘誓》中有这样的文字："用命赏于祖，弗用命戮于社。"社，即社木，它有几种变体，其实就是杀人祭祀用的木架的形象，与西方的十字架惊人地相似。文献表明，在古罗马人、中美洲的玛雅人中，人祭的习俗同样盛行。这一切活动的中心都与神灵有关。

四川大学历史文化学院考古系教授罗二虎说："在祭祀前或之后，杀死一个人，砍成几段；祭祀后，作为随葬，被放进墓里。这叫作人殉，它和中原地区人殉的情况不一样。"

文献记载，巴人崇拜白虎，认为白虎是他们的祖先。他们认为白虎要喝人血，所以用人祭祀白虎。

作为一种凶猛的异兽，虎在中国传统文化中有着十分重要的地位。巴人对虎的迷恋和膜拜有着更为本质的意义。层出不穷的考古发现证实了这一切，虎钮淳于、虎形铜戈、虎纹铜剑，在古代巴人器物中，虎的形象无所不在。早期巴族的神灵充满繁复色彩，这个居于山林、江河的部族，崇拜太阳、山峰、巨蛇、鱼类……但白虎却成为他们终极的信仰。这个选择与死亡和再生有关。

▲ 在铜戈上有虎的图案

廪君：远古的时候，土家族的祖先巴务相被推为五姓部落的首领，称为廪君，也是巴人的祖先。廪君死后，魂魄化为白虎，后代用以奉祀，所以巴人崇拜白虎，以白虎为图腾。1987年出土的战国青铜剑上的虎头纹，是巴族在宣汉活动的确证。

《后汉书·南蛮西南夷列传》记载了有关巴人图腾、起源及巴人第一个君王廪君的内容："廪君死，魂魄世为白虎，巴氏以虎饮人血，遂以人祠焉"。记载虽含有浓厚的神话成分，却被诸多史学家作为破解巴人之谜的重要依据。近年来，三峡考古中一系列有关巴人线索的发现，使这段记载呈现出前所未有的史料价值。

罗二虎说，世界上的很多民族，尤其在中国，有一种祖先崇拜。具体说，他们认为祖先去世后，就进入到另外一个世界，即神的世界。在中国古代，他们认为祖先就是神灵，祖先的魂魄化为了白虎，所以他们要祭白虎。

今天，土家人在祭祀亲人时，也展示出这种活化石般的场景。这种丧俗源于祭祀虎祖，舞蹈的动作和歌词内容都与虎有关。在传说中巴人的发祥地长阳的清江边，跳丧舞的土家人

▲ 跳丧舞的土家人对猛虎动作的模仿逼真生动

▲ 香炉石遗址外景

对猛虎动作的模仿逼真而生动。他们像老虎一样跳跃、扑猎……

几千年前的一天，廪君和他的武士们来到盐阳。此前，盐水神女和她的母系氏族部落已在这里生活了很长时间。对廪君产生爱慕之情的盐水神女联络众多部落，意在强留下心目中的英雄。于是悲剧开始萌芽。

1988年，考古学家王善才来到渔峡口香炉石。也许是冥冥中的一种预感，也许是被史籍中的故事和心中的疑问困扰，他把目光锁定在这片奇异的地域。

湖北省文物考古研究所研究员王善才说，文献记载的夷城，"山石曲，泉水亦曲，望如穴"，这些记载中的地貌特征同香炉石遗址附近的地貌基本上是吻合的。

《世本》：是一部由先秦时期史官修撰的，主要记载上古帝王、诸侯和卿大夫家族世系传承的史籍，后世的《史记》等史籍都曾引用和参考书中内容。南宋末年全部散佚，后人根据其他书籍所引内容进行辑补，共分为8种不同辑本，合称"世本八种"。

难道这里就是《世本》等史籍中出现过的巴人最早的都城"夷城"吗？

王善才说，这里确实是个遗址。我们认为这个遗址很重要，因为它跟一般的遗址不一样，按照发掘的类型，它是山寨型遗址。

由王善才为总领队的考古队开始对香炉石进行发掘，随着发掘的深入，王善才的心狂跳不已。

王善才说，香炉石遗址面

▲ 考古队对香炉石遗址进行发掘

积很大，有3万多平方米。我们只挖掘了中心地带，仅400多平方米的面积，就发现了将近1万件早期巴人的遗物。说明这个地方很重要，实际上是当时巴人首领所在地。有许多重要的文物出现在这里，比如印章、甲骨。

文化层的层层揭示，几乎就是对史籍故事的渐渐再现，《世本》的有关描述正在被证实。香炉石遗址文化层厚达7层，从夏、商、周至春秋战国一直延续。除了战国地层中的楚文化元素，其他都是典型的巴文化遗存，并显示出早期巴族浓烈的渔猎生产性质。

王善才说，挖掘出成百上千的打鱼的网坠，鱼骨头就更多了。连卜骨都是用鱼的腮盖骨制作的。

出土的大量鱼类骨骸与卜甲，复活了《世本》中"鱼盐所出""俱事鬼神"的情景。然而，典籍和传说中的廪君与"盐水神女"呢？他们是否在渺远的时空中留下过蛛丝马迹呢？

对香炉石遗址的再一次发掘已是6年以后了。在旧遗址边缘的一个地段中，考古者惊喜地发现了他们寻觅已久的墓葬群，一个神秘的人物出现了。

王善才说，他，1.76米的人骨，身上有两件重要随葬遗物：大型卜骨和大型骨匕。他应该就是首领，若不是首领，就没有这么重要的随葬遗物。

几乎在同时，同等重要的遗址在盐阳对面的桅杆坪被发现。考古学家在这里发现了大量新石器时代晚期的各式器物和叠压于上层的早期巴人的墓葬。

王善才说，在桅杆坪遗址发现了一件很重要的文物石祖，石头制作的男性生殖器，代表着男性生殖崇拜。

石雕男根及其他精美饰品的发现，使人们依稀看到那个曾经存在的女性部落，以及那些情爱、杀戮和征服的故事。

考古学家发现，在清江流域长阳区域的考古发掘序列中，出现了明显的缺环和模糊现象，即"盐水神女"所在的时代。但研究者却在盐阳古盐泉的周边，发现了许多从远古到清朝，计有十余种类型的陶器、瓷器残片。这当中隐藏着的是关于"盐水神女"的最大悬念。

《世本》中讲述了这样一个故事：廪君将一件信物送给盐水神女，而这件

> 《水经注》：北魏郦道元所著，是我国古代较完整的一部以记载河道水系为主的综合性地理著作，详细介绍了我国境内1000多条河流以及与这些河流相关的郡县、城市、物产、风俗、传说、历史等。《水经注》入选世界纪录协会的第一部中国水文地理专著，是中国古代水文地理的一项中国之最。

信物后来成为他射杀盐水神女的目标。对于雄心勃勃的廪君，开疆拓土才是他生命的全部意义。

2001年12月，我们跟随香炉石遗址管理员走进了迷宫般的香炉石地域中。

香炉石遗址管理员孙庭泽说，这个地方三面靠山，一面靠水，这条江现在叫清江，古代叫夷水。

许多古代典籍中，都有关于巴人最早的都城"夷城"的描述，包括《晋书》《水经注》和《太平寰宇记》等。这些不同历史时期的描述却有着一个共同点，即惊人相似的地理位置和地貌特征。

在复杂诡异的香炉石地域中，我们看到了曾被史书描述过的那种地貌和地形。

从香炉石巴人墓葬群中出土的那具遗骨，一直是王善才关注的焦点。仅骨架即有1.76米，可见死者生前具有高大的身躯。与所有香炉石遗址出土的用巨鱼的鳃盖骨和龟甲制成的卜具不同，死

▲《晋书》中也有关于巴人最早的都城"夷城"的描述

者身边的大型卜骨是用牛的肩胛骨制成的，全长42厘米，上面凿有100多个大小圆孔。这是迄今中国所发现的最大卜骨之一。另一件随葬品是大型骨匕，制作精美，薄薄的叶壁显示出工艺的难度。专家称它为中国考古史上同类器物中绝无仅有的珍品。随葬品中的陶器断代均为早商时期。

巨型卜骨的发现对研究者理解《世本》中记载的"廪君之先，故出巫诞"和"俱事鬼神"的含义有了新的依据。

▲ 制作精美的随葬品大型骨匕

重庆市文化局副局长王川平说,"巫"在中国造字里面是一个字根。现在灵魂的灵的大写,它的字根是巫;医药的医,它的字根也是巫;舞蹈的舞,字根还是巫。就是说,管灵魂的,管生命的,管舞蹈艺术的,它们最原始的东西都是从巫演化而来的。

在早期的巴族中,卜甲是他们的整个精神世界。巨大的卜骨也许有着权杖的意义,它的拥有者应是一名精神和政治的双重统治者。这名神秘的墓主是否同传说与记载中的廪君有联系呢?

众多的研究者从巫、灵、廪音意相通的角度,对"廪君"一词的含义做出种种推测和想象。从这个意义上讲,"廪君"也许具有"巨巫"的含义。

"巴"的字形最早出现在殷商甲骨文中,被称为"巴方"。甲骨文中记录了商王讨伐"巴方"多次受挫的情况。几个世纪后的西周铜鼎上,虎的形象活现其上。铜鼎上铭文记载了周成王派师南征"虎方"的情况。专家通过考证,认为"虎方"就是"巴方",即远古时期,活动在清江流域的古代巴族建立的方国。甲骨文和周鼎铭文中的"巴方"和"虎方"的中心,是否就是今天的香炉石遗址及周边地区呢?

大量的遗骨将被用来证实,那个与巴都"夷城"相对应的民族群体,以及他们领袖的存在。中国科学院的报告表明,长阳青铜时代居民的颅骨性状与中国长江以南的居民,在体征上接近南亚类型的分化趋势相一致。从时间、地域看,都与文献记载和传说中早期巴人的历史轨迹密切相关。

考古学家更注重已有的材料。发达的制陶业、制盐业、渔业、养殖、纺织、中国最早的陶印章、贝币和兵器。很久以前,这里已俨然是一个秩序井然的邦国。种类繁多的出土陶器成为考古学家界定早期巴文化的重要依据。

王善才说,这里发掘的陶器颜色

▲ 出土陶器成为界定早期巴文化的依据

主要以褐陶为主，绛色的。黄河流域夏商时期的陶器以红陶、灰陶为主。这里的器形也很特殊，圜底釜，也有圜底罐。北方夏商时期的炊具，以鼎鬲为主。

根据《水经注》记载，大溪为"长江之沱"，在古代连通长江与清江。历史学家童恩正先生认为古代巴人是由清江经大溪进入长江三峡的。

从空中看去，这里的地质奇观令人惊叹不已，有重庆市奉节县的"天坑地缝"。大溪位于奉节与巫山之间的瞿塘峡东口，根据当地人描述，这里应与大溪的上源关联。这些复杂地形，在远古时期，或许会成为巴人进入三峡的谜径。

王善才说，长江三峡多处发现了早期巴人的文化遗物。说明巴人当年下来后，并没有在某个地方长时间停滞，他们一直是向外发展的。

古巴歌中唱出的情景，今天仍见于长江两岸。长江是巴人生命旅程的一个新起点，当这些"虎族"把他们的"图腾"带到新的领地时，他们的第一代英雄廪君已死去许久。生性剽悍的巴人在长江两岸的纵深地带，开始了农耕生活。史书记载，巴人种植水稻、燕麦、养殖桑蚕，用上好的粮食酿制特有的清酒，他们有着丰富的食物，农耕文明改变了他们的生活方式。

考古学证实，早期进入峡江地带的巴人，大多在长江支流的地方建立了自己的家园，这里有平缓的台地和肥沃的土壤。春秋战国时期，巴人开始在长江干流上的许多地方建立他们的都城，即今天的丰都、忠县、涪陵和重庆。考古学家仍在进行的探索，将我们带进扑朔迷离的氛围之中。

今天，白虎的传说依旧存在，白虎的灵魂附着在来自远古的青铜器上。更多的时候，它们仅是作为一种背景，隐约存在于土家人的现实生活中。虎头帽是土家孩子最美丽的装饰品，精巧的绣

▲ 虎头帽是土家孩子最美丽的装饰品

工出自他们的祖辈或母亲。许多年以后，今天的这些孩子还能向人们讲述白虎的传说吗？

四、盐

1998年，考古学家在重庆市忠县长江边的"瀹井沟"遗址群，陆续发掘出一些造型奇特的陶器，它们被命名为圜底罐和尖底器。在以后的发掘中，这种器皿层出不穷，数以亿计，似乎总也挖不完；与此同时，在遗址群周边也发现了大面积的陶器碎片。

▲ 在"瀹井沟"遗址群发掘出大量的圜底罐

这些陶器的器型和数量充满了疑团。圜形和尖状的器底，使之无法平衡地放置，它们似乎是同某种配套设施连在一起使用。它们曾被用来做什么？大面积的陶器碎片，又意味着什么？

中坝遗址是"瀹井沟"遗址群中一个重要的发现，考古者在这里发掘出

▲ 考古学家在中坝遗址考古挖掘

厚达10米的文化堆积。出土器物表明，这是一个罕见的巴人聚落遗址。

在《现代汉语词典》中，没有这个奇特的"瀹"字。地名，历来被考古学界认为是"活化石"。种种迹象表明，这里在古代可能有过大规模的制盐业。

四川省文物考古研究所副研究员孙志彬说，从发掘的情况看，除了作坊和大量出土的圜底罐以外，还有一些可能和盐业生产作坊配套使用的遗迹。

瀹井河流域大型遗址中，埋藏着太多的历史之谜，三峡大坝三期水位来临时，许多答案将沉入水底。来自中国考古权威机构的专家们在此工作了数年，考古总领队、北京大学教授孙华，感到时间非常紧迫。

孙华说，这些堆积景观奇特的遗址，究竟是制陶的？还是熬盐的？要彻底解决这些问题，必须要做一系列实验。

从"瀹井沟"附近发掘出的陶器残片，送到了北京的实验室。

北京大学考古文博学院副教授吴小红说，由于陶器在盛装盐水的过程中，会跟盐水的一些元素发生交换，有些可溶性的和不溶性的元素，会在陶器表面或内部遗留。通过测量陶器的微量元素，初步找到了一些制盐的证据。

盐，含有人脑发育所需的14种微量元素，对人类神经系统的传递和蛋白质的新陈代谢至关重要。

巴人是最早的"行盐民族"，在有关巴人起源的神话传说中，他们又被称为"咸鸟"。他们最早进入三峡的路线一直与盐相关。

巴国消失1000多年后，古罗马人用他们的方式，表达了对盐同样的理念和膜拜。除了短剑和投枪，每个罗马士兵还随身携带一个特制的袋子，袋子里装着食盐，这是他们的军饷。食盐使他们有足够的体力，摆脱死亡的阴影。在今天英语的词根中，"盐"与"薪水"仍难以分割。

从"瀹井沟"遗址群所在的忠县顺江而下，一个神奇的大峡谷渐渐显现，这就是"巫峡"，长江在这里与大宁河交汇。

> 《山海经》：先秦重要古籍，是一部富于神话传说的最古老的奇书。全书共计18卷，包括《山经》5卷，《海经》8卷，《大荒经》5卷，主要记述古代神话、地理、动物、植物、矿产、巫术、宗教等，也包括古史、医药、民俗、民族等方面的内容，以及一些神话寓言故事。

巴人之谜

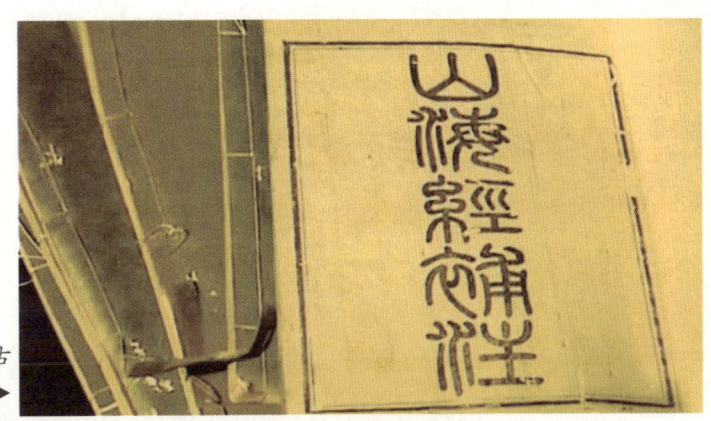

◀ 《山海经》是中国上古时的一部奇书

◀ 石壁上的方形洞孔绵延不绝

　　《山海经》是中国上古时的一部奇书，书中多次描述到一个叫"巫咸国"和"巫炙国"的地方。在过去很长时间内，人们更愿意把《山海经》中描写的这个地方想象成真正的"乌有之国"，但《山海经》的真实性在今天却越来越被学术界所认可。书中的一段描写可能是关于远古人类与盐的最早篇章。根据书中的描述和历代史家的考注，这个神秘的地域就在今天的巫山与巫溪一带，地理学家把这一带称为"大宁河宽谷"。

　　从长江与大宁河交汇处出发，沿大宁河而上，传说"巫咸国"就在那里。沿河而上，石壁上的疑问再次呈现，它们是些方形的洞孔，绵延不绝，据说与古代运盐的巴人有关。巴人曾在绝壁上修建栈道，问题是，善操舟楫的巴人为什么不走水路，而要在凶险的绝壁上进行这样艰巨的工程？

◀ 大宁河边谜一般的古镇宁厂

古时的盐工 ▶

地处大宁河边的古镇宁厂，镇里的盐泉流淌不停。上了年纪的老人或许都能描述当年制盐的情景，因为，直到20世纪80年代，传统的盐业仍是他们生活的主要来源。

宁厂的巨大盐场保留至今，盐场中的巨型木桶、炉室、盐锅，销蚀过一代又一代的生命。这一切几乎令人无法质疑《山海经》中"巫咸国"的存在。

《山海经》描写"巫咸国"的人们：他们无须耕种，无须纺织，却有着丰富的食物，华美的衣裙；女人的生活就是歌唱和舞蹈；孩子们在河中嬉戏，看来来往往的船只。这里有纵横的河谷，连天的森林草场，还有流淌不尽的盐泉。不事农耕的男人有着精湛的煮盐技艺，终其一生，他们也许就是传说中的"巫咸"。

不知过去了多少年，这种富足平静的生活被打破，一支来自东面平原上的军队带来了金属的撞击声。短暂的搏斗和杀戮后，一些人死去了，幸存下来的人，继续着他们的生活与劳作。盐泉一如既往地流淌着，喊杀声渐渐西去。

▲ 神秘的陶器碎片

根据史志，春秋时，宁厂是巴国的属地，战国时被楚国占领。楚国攻占宁厂的史实，史书上有记载。最重要的证据是大量巴楚青铜器的发现。

西进的楚国人一直打到当时的临江。《华阳国志·巴志》记载："巴楚数相攻伐，故置阳关，捍关，沔关"。

1987年，考古者在"瓦渣地"遗址发现了春秋时期的巴墓，环绕它的仍是那些神秘的陶器碎片。在巴墓中发现有巴式柳叶剑、戈等兵器。不久，在近邻的"崖脚遗址"又发现了楚人和巴人相互交叉叠压的墓葬群。

湖北省文物局三峡办副主任王风竹说，楚墓的出现，反映了楚文化的西进，同时也说明楚文化在向西推进的过程中，楚人通过战争占领这些地区，他们阵亡后就埋葬在当地。

孙华说，楚人的这些墓葬，集中在泔井沟口，是否表明楚人到这里来，是和盐业资源有关？是想控制这一带的盐业？从目前的考古材料看，这种推测有相当的道理。

传说中的那个世界太遥远了，那个远古神话中的"巫咸国"真的存在过吗？

重庆师范学院历史系教授管维良说，"巫咸国"和"大溪"可能有关系，因为"大溪文化"距今大约6000多年，而"巫咸国"距今5000多

> **大溪文化：**中国长江中游地区的新石器时代文化，因位于重庆市巫山县大溪遗址而得名。据放射性碳素断代并经校正的年代，约为公元前4400—前3300年。大溪文化的发现，揭示了长江中游的一种以红陶为主并含彩陶的地区性文化遗存。

年的可能性非常大。

最重要的联系仍然来自盐。位于巫峡与瞿塘峡之间的"大溪遗址"在1955年被发现,这是一处令世人震惊的新石器时期的古人类遗址。一些考古者认为,从地缘上看,这一带很有可能属于传说记载中的"巫咸国"或晚些时候的"巫炙国"的一部分。

在数十年的多次发掘中,各种类型的鱼类骨骸,大量出现在墓坑和祭祀坑的地层中。专家认为这些鱼类都用盐腌制过,否则,极易腐烂的鱼类无法用于殉葬并保存数千年。大溪文明的诞生,源于相对稳定的大溪人类聚落。对于人类聚落的形成,盐是不可缺少的因素。

管维良说,可以推断,"巫咸国"人就是大溪人传下来的,包括巴族人都有可能是一脉传下来的。从他们的生活习性、生产方式,从大溪文化和巴文化的关系,从考古学角度,都可看出一些端倪。

与峡江地区其他遗址不同,大自然对大溪人似乎特别恩惠,他们的生活景象被完美地保留下来。

彩陶造型独特,色泽典雅,富于想象力的造型和纹饰,展示着它们的主人当年闲逸精致的生活。从中,人们相信已经找到了"巫咸国"。

原重庆市巫溪县中学校长秦远猷说,当时的盐运道,陆道通往湖北的竹山、竹溪、房县;通往陕西的镇平、平利、安康;还有通往奉节、云阳、开县的。陆道大部分是在地势险要的地方,要架上云梯、栈道,人才能通过。

▲ 造型独特色泽典雅的彩陶

大宁河上游数千千米的古盐道和栈道,用于运输和军事;而宁河下游数百千米的绝壁栈孔,却以各种说法流传下来,直到一个沉寂的古镇,被人们再次想起,这就是大昌古镇。它像一个谜底,大宁河在它的周围环绕出一个神秘的符号,将它同下游的长江和上游的宁厂古镇连在一起。大昌再次被人们关注,是因为另一个秘密的发现。

1998年,一座堪与中坝遗址比肩的大型巴人聚落遗址——双堰塘遗址,从大昌浮出地面。从这个遗址中出土了大量的陶器、铜器、玉器、石器、骨器等。陶器中仍以巴域内无处不在的花边口圜底罐、尖底器为主。

中国社会科学院考古研究所副研究员梁中合说,遗址中出土的这座陶窑,是三峡库区发现的最完整的西周时期的陶窑,它对复原当时巴人的制陶工艺和烧制技术,乃至解决巴人在这个遗址中所用的大量陶器的来源,都具有非常重要的意义。

陈文龙是巫溪县文史办的干部,曾参与《巫溪县志》的编撰。在过去8年中,他花费了大量时间研究大宁河古栈道。通过实地勘查和走访,他发现那些栈道孔顺河呈倾斜水平排列,没有突高突低的现象。显然,这不是人行栈道的孔眼。难道栈道还有其他用途吗?

陈文龙说,大昌没有盐源,盐是巫溪的盐,是白鹿盐泉的盐水笕到大昌去熬盐。

通过查阅典籍资料,陈文龙当初的想法已得到证实。绝壁上的古栈洞被用于铺设输送盐卤的管道,到下游的大昌和巫山去煮制。

梁中合说,在这个遗址中,发现了大量的尖底器,专家和学者推测,它跟制盐业有关系。大宁河上游的巫溪是盛产盐的地方,盐水源源不断地运到下游,形成了加工制盐的地点,也不是不可能。

古代的巴人用圜底罐和尖底器炼制食盐,圜底罐的敛口,使他们总是将陶器打碎后取盐,这就是数千年后看到的那些神奇的碎片和陶皿。

这些碎片在学者张良皋的眼中,变得朴素

▲ 古代巴人用圜底罐和尖底器炼制食盐

而深邃，他做了一个富于想象的推论。

甲骨文中的"西"字，即是一个圜底盐罐的形象，西方正是产盐的巴地；"东"字为米袋形象，意为大量粮食从盛产稻米的东边载来；载米实为易盐，甲骨文创始时代橐粮东来，橐盐东去。"南"字最初经古文字专家唐兰鉴定为乐器，张良皋认为它即是出土于巴域的乐器——淳于；"北"字早有定论，中原以北建筑多背北向南，引申为北方之北。

1994 年，考古人员在古代的巴域宜昌杨家湾遗址，发现了比商朝殷墟甲骨文还早 2000 多年的象形文字，被大量地刻画在陶器上。

考古学家一直在寻找巴人可能存在的文字，但收获甚微。今天，大量的考古学证据表明，远古时期的巴蜀两族创造过不亚于同时期华夏地区的辉煌文明。很难想象这样的文明之邦会没有系统的文字，抑或是早早地融入中原与楚地的文字系统。除此之外，是否还有另外的答案？远古巴人是否创造了最早的甲骨文字？一切仍是一个谜。

来自地质构造角度的调查报告表明：三峡地区早在中生代三叠纪后期，因海水退出而形成了广泛的蒸发盐类沉积。在后来的岁月中，它们被泥沙长久地淹没在地层中。

这是很久以前的事了，绝壁上方孔被打入木桩，木桩上铺满竹管，它们被用来输送盐水。这一切从哪一天开始？哪一天结束？哪些人的生命在这里停顿？仍不得而知。

五、钟

公元前 278 年，被楚王流放到湖南省的诗人屈原投汨罗江自尽。

湛湛江水兮，上有枫。极目千里兮，伤春心。魂兮归来，哀江南。

高亢苍凉的屈原招魂歌，至今仍流行于长江三峡一带。相传屈原死后，一条大鱼将他驮回故乡。此后每年的 5 月，人们都会用一种特殊方式，呼唤诗人的亡灵，这个被称为"端午节"的习俗流传至今。

依据史籍和传统，屈原一直被认为是楚国贵族的后裔，迄今为止，考古者未能发掘出与屈原本人相关的考古学物证。但他们却在秭归境内的许多遗址中，发掘出古代巴族的大量遗存，这引发了人们对屈原身世新的疑问和联想。

▲ 屈原像

湖北省文物局三峡办副主任王风竹说，在湖北，包括秭归县庙坪遗址、巴东县雷家坪遗址，都发现过巴文化墓葬。

华中师范大学历史文化学院教授张正明说，假定屈原出生在秭归，那么他从小就跟巴人生活在一起。到了战国时期，秭归有了楚、巴之分，但巴人比楚人多。

822年，一个叫刘禹锡的诗人来到三峡，他是被唐王朝贬职的官员。很快，他把失意与郁闷抛进了峡江两岸的山水之间，而学会了吟唱当地古老的巴人传统歌谣。

武汉音乐学院音乐系副教授李幼平说，刘禹锡到了楚地的鄂西、川东，听到土家人唱歌，他把这些歌记录下来，进行整理，写了不少竹枝体的歌。

张正明说，被文人选出的古代民歌，经培植而成为雅俗共赏的一种诗体，成功的例子只"竹枝词"，没有第二个。

一种令文人争相效仿的新兴文体"竹枝词"，诞生在刘禹锡的行囊中。而刘禹锡的塑像被后人立在了瞿塘峡边的寺庙中。

武汉音乐学院音乐系教授杨匡民说："杨柳青青嘛，哟儿喂，江水平呐嘛，哟喂，闻郎江上呐嘛，呀喂哟，踏歌声呐嘛，哟喂。""竹枝词"就是这样来的。但当时流行的是七言词，所以刘

竹枝词： 由唐朝乐府曲名，原是四川东部一种与音乐、舞蹈结合的民歌。唐朝刘禹锡把民歌变成文人的诗体，多写当地风土人情和男女恋情，每首七言四句，形同七绝。竹枝词以吟咏风土为其主要特色，对社会文化史和历史人文地理等学科的研究，具有重要的史料价值。

禹锡把七言词作为当时唐诗发展的一种结构形式。

屈原第一次被楚王放逐到江南时，诗人满怀悲愤心情，将心中的块垒变成了仰天长啸。《离骚》的许多章节，正是在放逐中写下的。

华中科技大学建筑系教授张良皋说，屈原《离骚》的第一句话是，"帝高阳之苗裔兮，朕皇考曰伯庸"。伯庸是庸国的首领。所以屈原也应是庸国的后代。

庸国是古代巴境内的文明大国，"武王伐纣"时排在巴师八国之首。古庸国在今天重庆的巫山、云阳和湖北的竹溪、竹山一带，公元前611年被巴楚秦联合吞并。专家认为，楚国是在庸国的基础上强大起来的。

张良皋说，《离骚》的第二句是，"摄提贞于孟陬兮，惟庚寅吾以降"。屈原用了庚寅、摄提两个体系，摄提是指太岁在寅曰摄提格。在寅这个地方出现的太岁岁星叫摄提格，这不是现在的普通汉语，很可能是巴人的语言。

在今天的土家民歌中，有一种独特的音程被反复使用，几乎成了这个民族最根本的音乐特征。然而音乐史家们发现，他们用许多现代乐器都无法奏出这个特殊的调子，根据它的

▲ 刘禹锡塑像

▲ 土家族老人唱的民歌有"三度音"

乐理形态，他们把它命名为"三度音"体系。

李幼平说，鄂西土家地区的这种"三度音"，用音乐语言说，是小三度；钢琴弹不出这种音。所以有人形象地称它是钢琴缝里的音。

▲ 专家对出土编钟进行研究

举世闻名的青铜编钟在今天的湖北被发现之前，已经在地下沉睡了2400多年。多年从事音乐文化考古工作的李幼平意识到，这绝不只是简单的青铜乐器和祭祀用器。为了从根本上了解这些乐器，他参加了青铜编钟的设计、复制工作。通过李幼平和专家的长期考证，一个惊人的发现呈现出来。

李幼平说："当我们找到这些2000多年前的编钟时，发现了一个很有意思的现象，钢琴缝的音，几千年前就已存在了。从今天的湖北随州，当时的楚国境内出土的曾侯乙编钟及一些楚地编钟和中原编钟中发现，编钟上敲出来的音联系在一块儿，就存在着钢琴缝的音这种现象。"

研究者们将"三度音"中的相关音程，与出土的编钟及其他古乐器相参照，发现编钟的基本音程关系，是流传于近现代的鄂西、渝东地区民歌基础音调的习惯自然音。其音乐特质的承袭关系不言而喻。

重庆涪陵区，古代称为枳，是文献记载的巴国王陵所在地。对于巴王陵，考古发掘至今尚未找到与记载完全相符的实物。但在1972年开始的涪陵小田溪遗址的发掘中，出土了大量的青铜制品，其中最引人注目的是一组14枚制的青铜编钟。大型礼器在古代是权力和身份的象征，乐器的主人应是巴国王侯。在这套编钟上看到了巴楚文化的

> **曾侯乙编钟：** 1978年出土于曾侯乙墓，因而得名。是我国迄今发现数量最多、保存最好、音律最全、气势最宏伟的一套编钟，由65件青铜编钟组成，音域跨五个半八度，十二个半音齐备。它高超的铸造技术和良好的音乐性能，改写了世界音乐史，被中外专家、学者称之为"稀世珍宝"。

▲ 在小田溪遗址出土的一组 14 枚青铜编钟

融合，钟架的榫套以浮雕的巴式虎为装饰图案，而悬钟的插销又以楚器上常见的云纹兽为饰。

从遗址中出土的另一种造型奇特的巴式青铜器，被称为淳于。史书记载，淳于是与钲合用的号令军队进退的军乐器。

李幼平说，淳于的音质，发声的原理，有个性特点。它的声音，基音比较稳定，但给人的听觉印象，声音是一阵一阵的。

考古学家描绘出淳于的分布图，这些器物在古代三峡和武陵地区巴域内密集分布。作为好战尚武、天性劲勇的巴族，他们与淳于的密切关系，也许是一种必然。

李幼平说，淳于、钲，还有一种和中原编钟、楚地编钟不一样的扁钟，称之为巴式扁钟。这些东西都是注重节奏、不以旋律为主的乐器。所以，我们觉得巴人可能更注重节奏的选择。

作为技艺高超的青铜制品，淳于有太多的巴域色彩，虎钮是最显著的特征。其造型逼真，虎的耳目清晰，张口露齿，虎牙清楚可见。

古代巴人文明早已湮灭。今天，考古学家更多的是依据出土的巴人青铜器，去解读其不为人知的世界。淳于作为一种典型的巴人器物，其包含的信息已超出了人们的想象力。巴人曾经在长江和嘉陵江流域多次建都，但今天却找不到一座完整的巴人遗城，它们已随巴人的历史一起沉入了地下。天性

▲ 编钟钟架的榫套以巴式虎为装饰图案

▲ 淳于是号令军队进退的军乐器

浪漫的巴人会怎样修筑自己的城池呢？

一些神秘的符号，大量出现在青铜淳于的虎钮上，考古学家将它们考证为"干栏式"图语。"干栏"一词来自中国南方少数民族先民语音的汉字记音，意为栈台上的房子。

"干栏式"是传统木构建筑的总

▲ 古学家将这些神秘的符号考证为"干栏式"图语

吊脚楼：苗族、壮族、布依族、侗族、水族、土家族等民族的传统民居，最基本的特点是正屋建在实地上，厢房除一边靠在实地和正房相连，其余三边皆悬空，靠柱子支撑。多依山就势而建，呈虎坐形，其中又以"左青龙，右白虎，前朱雀，后玄武"为最佳屋场。吊脚楼具有鲜明的民族特色，具有较高的文化层次，被称为巴楚文化的"活化石"。

称，它的最早痕迹出现在我国南方许多民族的遗存中，与影响深刻的席居制度密不可分。今天，在南方少数民族中，这种居住习俗一直延续，并形成嬗变系列，土家族的干栏式建筑是系列中的顶点。今天的土家人就居住在"干栏式"吊脚楼中。

国家自然科学基金曾两次提供资金，支持张良皋对武陵和峡江地区的"干栏式"建筑进行考察研究。张良皋几乎踏遍整个土家地域，采集了大量素材。在他的《武陵土家》一书中，张良皋描述了当地一座最美丽的吊脚楼，它的主人是张良皋儿时的同窗好友陈英。

83岁的陈英老人至今仍生活在武陵山区的宣恩张关铺。陈家自清雍正十二年，即1734年，由湖南沅州迁至湖北宣恩，已经在这座大宅里生活了268年，有九代人在这里出生。

张良皋说，在全国少数民族的吊脚楼中，土家吊脚楼颇具特色。首先，它在平面上有围合趋势，房屋总是背靠山坡，正屋如果在相对平坦的地面上，

▲ 土家吊脚楼颇具特色

▲ 土家吊脚楼以树林为背景,非常美观

厢房则常常在斜坡上面,这样一正二横,若加上一个朝门,就成了四合水。这是土家人的梦想。

陈英家的木楼,几乎包含了张良皋所说的"干栏式"建筑的所有原始特征。

张良皋说,土家吊脚楼内部构造也很有特色,这是其他民族没有的。在正屋跟横屋交汇的地方,即两个脊正交的点上,有一根柱子叫作"伞把柱"。柱子非常复杂,它在空间上需要高超的想象力,才能把许多梁跟柱子结合得这么完善。

土家吊脚楼常常建在山林中,以树林为背景,形成翼角飞檐,非常美观。它挑檐挑出来的构造,叫"板凳挑"。板凳挑可以挑出两个部架,所以在构造上非常轻灵。板凳挑的挑法传播得相当远。

今天,土家地区的大多数工匠已经无法建造出传统的吊脚楼,而能够建出吊脚楼的匠师多已是年迈的老人。这些人充满了传奇色彩,他们用一生的时间修建木楼,最多的平生建吊脚楼80余座。

古代巴人居住的地方多依山傍水,地形决定了他们的建筑样式。从地理、历史的角度,或许可以想象,古代巴国城市可能就是由众多"干栏式"木楼构成的庞大建筑群；人们在这里生儿育女，平静地生活。这不是封闭的城市，一条大江和数条河流使城市变得鲜活。《华阳国志·巴志》记载古代江州"地势侧险，皆重物垒居"。"重物垒居"就是当年巴都重庆的吊脚楼群。

张良皋认为，干栏式的笼子来自南方少数民族地区，三开间正屋来自黄土高原的窑洞，正屋与横屋的合围趋势来自平原的井院式窑洞。土家民居正是中原建筑与西南少数民族建筑的结合。

张良皋说，中国建筑大体上到汉朝就成熟了。汉朝的建筑流传了下来，唐、宋后，建筑都是木构的，有台阶和很美的屋顶。汉朝是楚国发展而来的，汉朝宫殿是从楚国宫殿学来的；楚国的"干栏式"肯定是从巴人的生活中得来的，因为巴人最早是席居，跟现在的土家人、侗族人，特别是西双版纳的傣族人一样，都曾经大量用过"干栏"建筑。

楚城，汉宫都已湮灭。今天，我们只能从留存在武陵、峡江地区的吊脚楼中，去想象当年的楼廊亭角、舞榭歌台。我们听到了编钟、淳于的绝响和竹枝巴歌的余韵，它们仿佛仍萦绕在飞檐绕梁的方寸之间。

公元前223年，楚国的最后一座都城被秦国大军占领。此时，楚诗人屈原早已魂归故里，而他写在竹简上的那些疑问却被存留下来。屈原至死也未得到他想要的答案，留下了通篇都是疑问的《天问》。今天，峡江民间还流传着这种问话体的歌谣，抑或这一切早就存在了。

六、船

2001年，在一座城市中心的缝隙间找到了传说中的巴蔓子墓，这个寂静、破败的圆形石丘中，真的埋藏着那段数千年前的故事吗？在坟墓的背景上，是中国西部最大的工商业城市——重庆，它处在长江与嘉陵江的怀抱中。2000多年前，这里曾是古代巴国最重要的都城——江州。

古代巴国是一个真正的大国，有着发达的商贸、农业、手工业和制盐业，有一支威震天下的军队。许多民族的文化在这里汇集，他们是巴族、淙族、濮族、共族、苴族、诞族、骧族。这是一些已经消失的种族，在史书中，他们共同创造的文化被称为"巴文化"。

在重庆博物馆中，有一些巨大的船棺，它们既是棺，也是船。它们将历史停泊在我们的时间和空间中，隐约的水流声带给人们远去的声息。

▲ 重庆博物馆中的船棺

史书记载，公元前4世纪，巴国由长江流域迁都至嘉陵江流域。不久，巴国的政治中心江州被楚国占领，巴国王族顺着嘉陵江北上，船和水再次成为他们生命中的主题。但这却是一次百感交集的航行，同驾船使出清江的祖先不同，他们正在驶向终点。

千百年后，故事中的另一些人物，仍生活在峡谷另一头的重庆城中。巴国都城离他们似乎很近，人们的行为、说话的方式、对事物的看法，都会因为这个城市漫长的过去而有着与众不同的样子。人们一直在寻找属于他们和这个城市之间的神秘链条。远古时期，巴国都城的真正中心又在什么地方呢？

重庆市文化局副局长王川平说，巴人在重庆范围内建都，从东往西有好几个都城，其中，有一站到了重庆渝中区。1954年在巴县冬笋坝发现的船棺葬，就在渝中区。

1954年，在修建成渝铁路时，一个巴人墓葬群在距离重庆市区60多千米的冬笋坝被发现。考古学家王家佑今年已经76岁，半个世纪前，他参加了冬笋坝巴人墓葬群的发掘工作。

四川省博物馆研究员王家佑说，区政府最先发现了一个大木头棺材，棺材横切面大概有1米多，长度大概五六米。他们不认得是什么，请我们去调查。当年我刚从考古院毕业，开始时我们也不认得，发掘了几个后，才发现

▲ 修建成渝铁路时在冬笋坝发现了巴人船棺葬

是船棺。挖开了一个沟，发现了几十具船棺。

这种船形的棺椁被考古学家命名为船棺。王家佑和同事们凭着掌握的考古和历史知识，敏感地把这些墓葬与文献中的古代巴族联系起来。

1954年6月，来自成渝两地的考古者，在发现冬笋坝船棺群的同时，又发现了位于四川省北部嘉陵江流域昭化宝轮院的巨大巴人船棺葬。这是他们第一次真切地面对这个千百年来只存在于史籍和传说中的民族。

不论是在冬笋坝还是宝轮院的船棺葬中，考古者都发现了一个耐人寻味的现象：死者的头部无一例外都向着大江的方向。古代巴族也许有着最为透明和浪漫的死亡观念，这种生死观念与他们的英雄主义情结连在一起。巧合的是，在土家丧俗中，祭奠死者的时刻，也正是纵情歌舞的时刻。这一切不像是结束，更像是开始。

根据半个世纪前发掘的图纸和数据，可以复原一个船棺中的情形。死者是一名巴国武士，他的头部和身边摆放着3件青铜兵器，依旧锋利的青铜柳叶剑被拔出剑鞘，放在随手可及的腰际。棺中的其他内容竟是被封存了几千年的温情——木梳、漆器、炊具、陶器、纺轮、桃子和李子的果核，仿佛家中的陈设被有序地摆放着。

古代巴人的船棺很特别，大多用直径1米，长度5米以上的巨大圆木削

◀ 复原的船棺中的情形

◀ 置有内棺的船棺

砍制成，中部挖空成船舱，底部和两端削成船形。有的船舱内置有内棺。

王家佑说，要把一根直径 1.5 米左右的大木头砍成一个船棺，好像很难。而实际上并不难，古代人用炭火把木头烧成木炭，烧一层挖一层，几天就可以挖成。

对于巴人，制作船和棺具有同样意义，生与死的界线被淡化了，他们心灵中都有一个理想的所在，从生命初期就驾着船开始寻找。

1954 年，考古者在长江、嘉陵江流域共发掘船棺葬 26 座。根据船棺葬的地域和数量，"船棺葬"的命名由此产生。据王家佑回忆，当时由于多种原因，还有大量的船棺葬未能掘出。

船棺葬：古代以独木舟形棺木为葬具的墓葬。安葬船棺的方式，分为悬挂岩洞、架在树上和埋入土中等。迄今所发现年代最早的船棺，是从武夷山观音岩和白岩上取下的两具棺木。经碳素测定，制作时间距今 3500 年。但是，古人为何以船做棺？这种习俗究竟是怎样形成的呢？目前尚无定论。

▲ 虎钮淳于上的船形符号

古代巴族生活在江河中，船是他们必不可少的水上工具，人们很自然地将他们的丧葬习俗和生活习性联系起来。然而，是否还有更为合理的可能呢？

古代巴人的冥界究竟是怎样的一个所在？大量出土的巴器中，船和与船有关的形象，以种种神秘的形式出现，令人难以捉摸。

1987年，在重庆市万州区出土了一件巴人虎钮淳于，上面刻着许多神秘的象形"图语"。考证者将目光集中在一个奇异的船形符号上。

这是船、树和鸟的形象，它们被奇异地组合在一起。一些考证者认为它可能是古代巴人和死亡有关的祭祀符号。船头符号中"中"字的形象，可能是神树和祭台的合体，而上端的"十"，被普遍认为是太阳符号。

另一些关于船的秘密，被埋在古埃及金字塔中。这个秘密与太阳连在一起，古埃及人认为，"死者要是能够搭上太阳的大舟，便可以避免妖魔侵害，平安抵达乐土"。这是古埃及著名的关于"太阳船"的传说。远古巴人心灵中的太阳船又在哪里呢？他们是否也把死亡和太阳联系在一起呢？

巴蜀图语： 又称巴蜀符号或巴蜀图形文字，发现于三星堆遗址文物上的一种图形符号，主要分布在铜兵器、铜乐器、铜玺印等器物上。典型的巴蜀图语是虎纹、手心纹和花蒂纹等，目前主流观点认为这是巴蜀古族用来记录语言的工具、族徽、图腾或宗教符号，是一种象形文字，是巴蜀文字的雏形。目前还没有被破解。

这些符号屡见于出土的巴式青铜器上，经专家考证，它们就是古代巴人的太阳符号。青铜淳于船形符号上端的"十"字图形，令研究者兴奋不已，这是"巴蜀图语"中最典型的太阳符号。

远古时期，太阳运行的方位是巴人灵魂观念形成的基础。太阳在白昼自东向西运行，夜晚潜入地球另一面返回。古代巴人认为这个过程中太阳行进在一个黑暗的世界，他们把死亡也理解为在这个黑暗世界中的一次穿越。这个黑暗世界通常被认为有着无边大水，他们相信死亡就像太阳进入黑暗一样短暂，只要用船渡过，就可以抵达理想的境界。船棺，正是古代巴人的太阳船。

1986年，在古代巴域西面的成都平原，一个震惊世界的考古发现呈现在世人面前，这就是"三星堆"遗址。它改写了古蜀人的历史。"三星堆"遗址出土的金质"神树"，高近4米，即使在今天，仍是一件不可思议的杰作。

三星堆遗址： 我国长江流域早期文明的代表，也是迄今为止我国信史中已知的最早的文明。信史中第一个王朝商朝的历史距今只有3600年，三星堆的发现将我们的历史向前推到了4800多年前，是西南地区的青铜时期遗址。

四川省文物考古研究所研究员赵殿增说，"神树"上面有太阳，是鸟和太阳轮，有一些龙、果实，及其他动物，甚至还有人的手，表示多种信仰。对树的崇拜，在巴蜀时期是很重要的信仰，可能是祭祀的中心。后来的巴蜀符号也有很多这种树的图案，汉朝又有很多摇钱树出现。把树作为通天的工具，作为天堂的象征，作为理想的境界，甚至神所居住的地方，是综合性的信仰表现。

"三星堆"文化遗存中的神树，与重庆市万州区出土的虎钮錞于的图案几乎包含着同样内容。两者形态上都有一根粗壮主干，直立通顶，顶端皆呈花蒂形状，树上都有鸟和太阳，树枝弯曲下垂。研究者认为这就是古文献记载中被称为"扶桑"的神树。在《山海经》中，神树即是太阳的栖息所和出发地，当中的鸟被称为"离鸟"，是负载太阳运行的动力。在今天土家人的葬俗中，仍能看到这种被简化了的神树。

重庆三峡学院教授陈地宇说，在有些錞

▲"三星堆"遗址出土的"神树"

于上的船形符号即"太阳神树"的位置,干脆表现为一种天梯,是说人可以通过天梯到天上去。

与图案中天梯相对的是无限的天宇和代表黑暗的通道,船的意义在于穿越其间。

公元前4世纪末的巴国都城江州,人们已陷入了恐慌,大量的船只被集结起来,一些人已将自己的贵重物品搬到船上,装载着巴族武士的战船驶出他们两江交汇处的城市;城市的下游,一支庞大的楚国船队正逆流而上;在更远的北面,一支更为强大的力量正虎视眈眈。

王川平说,很多研究重庆历史的人认为,第一次在重庆建都,是在渝中半岛建过巴国的都城。这里地势好,易守难攻,两江在此汇合,加上以前还有若干小河相连,农耕、渔猎都非常方便。

长期以来,考古学家在寻找失落的巴都城址和巴国王陵,冬笋坝发现的船棺葬似乎与最后的巴都密切相关。然而数十年后,大量船棺却在考古学家意想不到的地方出现。

令人震惊的是,2000年,巨大的船棺群在四川省成都市中心被发现。

王川平说,这是一处二次葬墓地,是船棺葬,是从其他地方有规模、有计划地把祖先的墓葬迁移过来的。

这里的船棺与半世纪前在巴地发现的船棺相似,但体积更为惊人,最长的一具达18米。船棺中的死者,经考证为蜀国贵族。习惯概念上的巴人船棺为什么会大量出现在蜀人的葬俗中?

王家佑说,初期认为,这是从湖北到重庆的巴人巴国的船棺。在成都北面、西北面发现了几十座船棺后,到20世纪80年代,观念有所改变,认为巴人来到了成都平原。巴人到成都平原有文献记载,"荆人鳖灵逆江而上,建立蜀国"。文献、考古的结合,表明在成都坝子的最后一个蜀国,叫"开明氏"王朝,是巴人所建,所以有那么多船棺。

巴与蜀有着不可分割的文化形态,同巴与楚的关系一样,战争与和平也一直伴随着巴国与蜀国。他们漫长历史的终结点也是一场战争,这一年,是公元前 316 年。

四川大学历史文化学院考古系教授罗二虎说，当时，巴国国力已衰弱，在东边的楚国压迫下，不断地向西退却，最后巴国的地方已经比较小了，主要在重庆以西、以北的嘉陵江流域地区。巴国求救于秦，秦国军队长驱直入，进入川西平原，灭掉了蜀国。之后，秦一举东征，也把巴国灭亡了。

富有悲剧意义的是，这两个同时湮灭的最后王国，都为巴族所建。

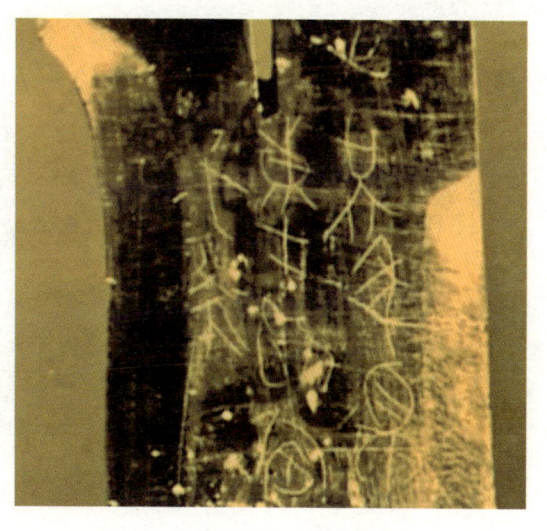
▲ 巴蜀兵器上工整的铭文

公元前 316 年后的巴蜀大地上，延续了千百年的文化面貌正慢慢消失。考古者在成渝两地这一时期的考古中发现，巴蜀兵器上富于浪漫色彩的文饰已被工整的铭文所代替。一些青铜戈上详细地铭刻着制作者、监制者的名字，最高的监制者为秦国丞相吕不韦。

关于巴的灭亡，史书中仅轻描淡写地提到，巴王在灭国后被秦将张仪虏获回秦。但更多富于人性色彩的关于最后巴国的传说却一直流传至今，三峡地区的民间传说中，巴王在灭国之际率领一群巴国武士乘船到瞿塘峡口，他们在绝壁上的洞穴中举行最后的仪式，用特殊方式将祖先的族徽和荣耀定格下来。

1958 年，考古者在瞿塘峡有了惊人的发现。

重庆市奉节县旅游文化局赵贵林说，三峡著名的黄金洞在瞿塘峡南岸，1958 年，白帝供销社的人去找硝，他们从山上吊绳下来进到洞里，发现有古人遗体，有青铜剑，还有些陶纺轮、梳子、草鞋和一些文物。

1971 年，盗墓者发现瞿塘峡谷北岸的绝壁上有风箱似的东西，他们冒险将其推下。文物管理人员从残存的棺中找到了一些遗骨和生活用具，其中仍

▲ 瞿塘峡

有青铜兵器。其实，风箱似的东西就是船棺葬具。在之后数年中，大量巴式青铜矛、青铜剑、青铜罐、青铜鞋层出不穷。从瞿塘峡悬棺的遗存中，考古学家获得惊人的信息，其中的青铜柳叶剑不论形制和剑上的图语，都与冬笋坝巴人船棺中的青铜剑相同；棺木的制作方法，也是由整木挖成。

　　大批幸存的船棺、悬棺和遗骨被安放在博物馆中，透过众多的疑团，人们更为关注的是隐藏其背后的与自己的心灵密切相关的神秘世界，那些人曾经怎样思考？怎样歌唱？怎样握住生命的最后时刻？

　　这些遥远的灵魂，他们的太阳船正航行在我们中间。他们以这样一种方式光顾我们。在某种意义上，他们已获得再生。

　　巴蔓子是一位真正的悲剧英雄，事实上，在他悲壮死亡的背后，已是一个风雨飘摇的巴国，此后不久，巴国就从中国历史舞台上消失了。巴人的许多子孙，沿用他们祖先的舟船，将祖先飘散的魂魄带回到他们最初的山林。他们带走的还有关于巴人的最后悬念。

2004年夏，由中国社会科学院、中央民族大学、新疆文物考古研究所及新疆博物馆等单位的多位专家组成了一个联合考察队，除了要对新疆青河县境内的古代人文遗迹进行考察外，他们还有一个额外的考察内容。

独目人

独目人一直是阿尔泰山区古老的谜团。传说在3000多年前，阿勒泰山的南坡曾经生活着一个神秘的部落，他们身材高大，骁勇善战，每个人都只有一只眼睛。但他们究竟是真正存在过呢？还是由什么原因引发了古人某种关于对独目人的联想，然后以讹传讹直至今日呢？

一、东西方史籍中的不谋而合

据历史记载，其实在公元前7世纪以前的一段时间，东西方几乎是同时开始了寻找独目人的行动。

在公元前7世纪后期的西方，希腊诗人阿利斯铁阿斯曾漫游中亚，并根据旅行见闻写下了长诗《独目人》(Arimaspea)，但这部长诗

▲ 阿勒泰岩画及独目人遗迹所在地

> **希罗多德：** 古希腊历史学家，史学名著《历史》一书的作者，西方文学的奠基人，人文主义的杰出代表。他在史学上首先采用了历史叙述的形式，创立了一种前所未有的新的历史编纂方法，为后世的历史叙述体奠定了基础，至今仍被西方奉为正宗，成为编纂历史的通用体裁。
>
> **周穆王：** 姓姬，名满，昭王之子，周王朝第五位帝王。他致力于向四方发展，曾两征犬戎，又东攻徐戎，在涂山会合诸侯，巩固了周王朝在东南的统治。在他统治时期，制定了墨、劓、膑、宫、大辟五刑，细则达3000条之多。

在后来失传。好在公元前5世纪时的史学家希罗多德根据《独目人》一诗以及他自己从斯基泰人处所得到的知识，将中亚东部的情况写入了自己的著作中。

而在古老的东方，首先对独目人进行确切描述的则是一位著名的君王——穆天子。古籍《穆天子传》讲述的是公元前10世纪周穆王到中亚远程旅行的故事。

此外，希腊荷马史诗《奥德赛》、罗马神话、《一千零一夜》、中国古书《淮南子·地形训》和《山海经》中也都曾对独目人有过详尽的描述。既然东西方最古老的史学典籍描绘了相同的地理环境和同一人种，那么在距今2500—3000年前，也许的确存在着一个独目人的部落。

二、探寻独目人的故乡

希罗多德转述的阿利斯铁阿斯旅行记中记载：受阿波罗神的感召，阿利斯铁阿斯到伊塞顿人的领地去旅行。越过伊塞顿人的领地就是独目人驻地，再越过独目人的驻地就是看守黄金的格里芬人，如再越过格里芬人的聚居地则是希波伯里安人的地盘，而希波伯里安人的领地一直延伸到大海。再对照文献中关于希波伯里安人居住的海滨异常寒冷的描述，根据希波伯里安就是"北海"的意译及"希波伯里安人"和"西伯利亚人"两个词的读音极为相似的特点，专家们认为希波伯里安人居住的海滨就是南西伯利亚的贝加尔湖地区。以此推断，格里芬人应该在盛产黄金的阿勒泰山北麓；而独目人的居住地，许多学者认为应该在阿勒泰山南麓。

而《穆天子传》中提到："昆仑山"上有"黄帝之宫"和某种高大的墓

葬，山中有沼泽泉水，有虎豹熊狼。根据这些记载，考古学家认为，新疆南部的昆仑山似无这般景物，它倒是与阿勒泰山的景象极其相符。

三、谁是独目人

根据阿利斯铁阿斯当年旅行的路线，先是伊塞顿人，然后是独目人，再后是格里芬人，最后是希波伯里安人，也就是西伯利亚人。

据专家分析，汉朝塔里木盆地东南的伊顿城得名于希腊史料的伊塞顿，既然伊塞顿人也是游牧部落，那么他们的牧场就应该在阿勒泰山以南、天山以北的草原地区。按时间推断，伊塞顿人应当是指从天山东部迁移到伊犁河流域的乌孙或大月氏人；格里芬人被称为"黄金的守护者"，阿勒泰山自古盛产黄金。在阿勒泰山北侧，原苏联考古学家在巴泽雷克发掘了5座春秋战国时期的大型墓葬，从这些墓葬中出土了大量黄金制品，其中包括一些带有格里芬形象的饰物，可见阿勒泰山北部的巴泽雷克墓穴主人就应该是传说中的格里芬人；再从地理位置来看，处在乌孙与巴泽雷克人之间，生活在阿尔泰山南侧以及额尔齐斯河流域的，就是与巴泽雷克人争夺黄金矿产的独目人了。他们究竟是什么人呢？因为在这位希腊诗人游历阿勒泰山的时候，阿勒泰南坡还是塞克人的天下。

> **大月氏：** 月氏本是世居我国河西、祁连山一带的游牧民族，公元前2世纪为匈奴所败，西迁至伊犁河、楚河一带，后又败于乌孙，向西占领妫水两岸，建立大月氏王国。汉武帝时期，张骞来到大月氏，以后和中原地区有了密切往来。大月氏位于丝绸之路中段，是中国文明和西方文明的碰撞点，也是沟通欧亚经济文化联系的咽喉要道和中转站。

塞克人属印欧人种，在古波斯文献中被称为"萨迦"，但这也是对所有讲斯基泰语的民族或部落的统称。当年亚里士多德把中亚西部操东伊朗语的民族叫"斯基泰人"，把中亚东部讲东伊朗语的民族称为"塞克人"，他们是同源的，他们的遗迹现遍布于中国北疆地区以及原苏联的中亚地区。考古专家们将原苏联图瓦共和国和哈萨克斯坦境内的塞克人遗迹与现存于新疆青河县境内的遗迹进行对比，发现它们年代相近、形制相似，由此推断塞克人可能

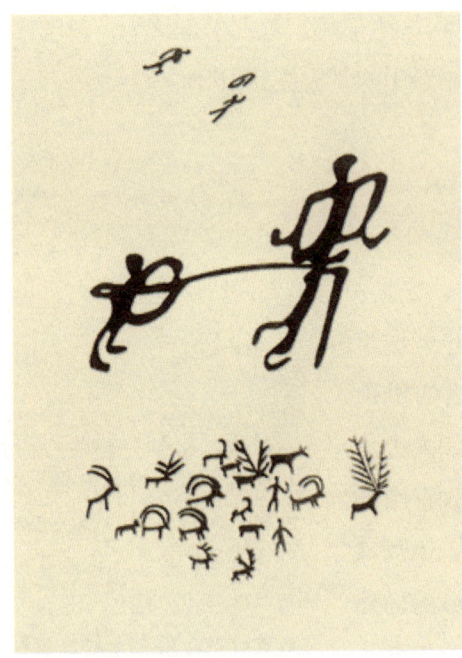
▲ 阿勒泰岩画人

▲ 阿勒泰岩画

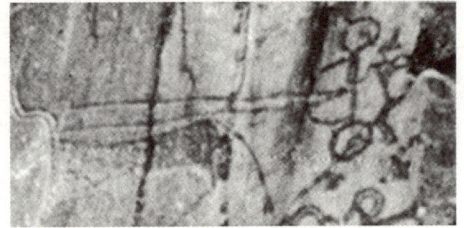
▲ 阿勒泰岩画

就是那神秘的独目人。

四、质疑独目人的存在

前面的推断似乎是合情合理、丝丝入扣，且有东西方不谋而合的史料为佐，但推断必须要有实证才能成为定论。因此，许多专家又从不同角度提出了质疑。

历史学家与遗传学家认为：今天生活在该地区的哈萨克族，历史上是由塞克、乌孙、乃蛮、克烈等部落逐渐融合演变而来的，其中一些部落还含有支尔塞克、别斯塞克、波尔塞克和卡尔塞克等氏族血统。但他们中间的任何一个分支都不具备独目人的基本条件。

乃蛮： 11世纪居住在蒙古高原西部的古代部落，牧地在阿尔泰山南麓。起初乃蛮境内有别帖乞和乃蛮两个近邻的突厥部落。别帖乞被乃蛮所并后，成为乃蛮的属部。乃蛮也因此成为蒙古高原诸部中势力最强的部落。

考古学家认为：在没有发掘出一具具有独目人特征的骨骸之前，就不能说独目人是真正地存在过。

生物学家认为：人的双眼是从一个基点上分化出来的，当双眼不分离的时候，大脑也不会分离，那么这种生物体的生存竞争力就不会很强，应该是被淘汰的物种。如果是人，恐怕连马都不会骑，更别提什么骁勇善战了。

……

虽然各有各的理由，但为什么东、西方各种文明的想象力都集中停在了一只眼睛的巨人身上呢？

五、一种目前学术界认为较合理的解释

对于上述问题，学术界同样是仁者见仁、智者见智。人们总是希望在自己的知识层面上去发展想象力，于是有人认为这一结果是出于人类早期原始宗教对超现实主义的迷恋，因为一只眼的天神形象几乎出现在所有曾经辉煌的文化中；也有人认为独眼人形象是当时人们打仗时吓人的面具，由于具有一定的震慑力而被人们所神话；还有人猜测独眼人形象是远古太空人的头盔……

但现在只有一个比较合理的观点能为学术界的大多数人所认同，那就是，伊塞顿人对斯基泰人讲过独目人与格里芬人争夺黄金的故事，这在斯基泰文献中有过记载。但斯基泰语把独目人拼写为 arimaspu，而这个词的前半部 arima 代表"一"，而后半部 spu 是"眼睛"的意思。当时希腊人对独目人的了解是听斯基泰人讲的，于是这个词让希腊人对一个一只眼睛的民族的存在信以为真。由此可以看出，阿利斯铁阿斯的游记中的一部分是道听途说来的，并不是他的亲身经历。因为如果他真的见过独目人，他就该知道独目人并不是一只眼睛，而是一个在斯基泰语和塞克语中同有的多义词汇。它的前半部是塞克语"孤独的"的意思，后半部则是塞克语"守望者"的意思。而"独目人"本身只是塞克语"孤独的守望者"和斯基泰语"一目人"这一语言差异造成的误会！

如果这一观点成立，那它就是历史上最早的以讹传讹的范例了。

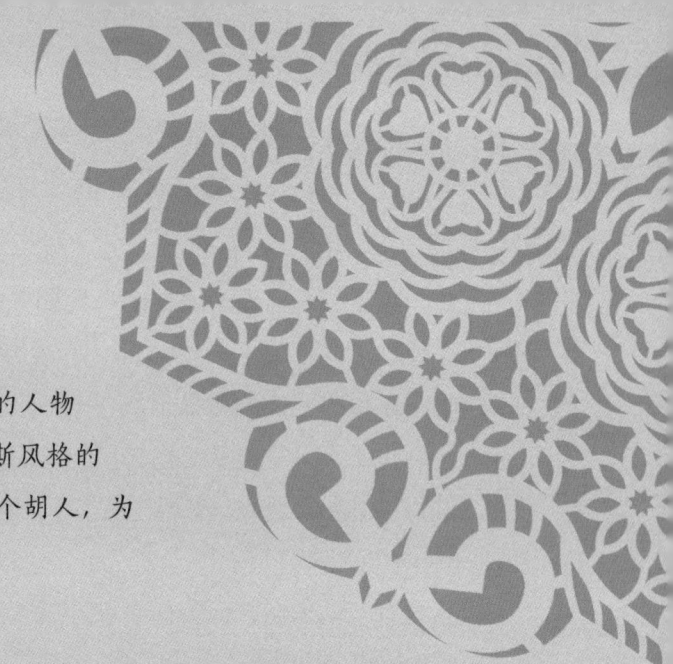

隋朝古墓里汉白玉浮雕上的人物为何高鼻深目，不像汉人？波斯风格的浮雕为何出现在中原之地？一个胡人，为何能在中原三朝为官？

中原胡人

一、中原大地惊现千年胡人墓

1999年7月的一天，山西省太原市城郊王郭村村民无意中发现了一座墓室。这一发现立即引起了考古专家的重视，由山西省考古所、太原市考古所、晋源区文物旅游局组成的联合考古队迅速进驻挖掘现场。

古墓发掘过程中，接二连三的惊喜让考古队员兴奋不已。

首先，他们发现那个汉白玉石制屋顶采用的是歇山顶的形式。歇山顶在皇亲贵族、宗教祭祀的建筑群里，是仅次于庑殿顶的一种形式。在太原地区，这样规格的墓葬很少见。墓主人采用歇山顶，说明他的身份一定不寻常。

考古队员谨慎地铲去汉白玉石料周围的泥土，古墓终于掀开了它的冰山一角：歇山顶下，是一个全部由汉白玉组成的方形石椁。石椁出土时椁门已经损毁严重，就只剩下门楣了。

椁门两侧汉白玉石壁上的两个浮雕，一下子

> **庑殿顶**：即庑殿式屋顶，因屋顶有四面斜坡，故又称为"四阿顶"，是各屋顶样式中等级最高的。明清时只有皇家和孔子殿堂才可以使用。庑殿顶最早出现于先秦时期，它是中国古代"天圆地方"说和"天人合一"观念在建筑上的生动体现。

惊住了在场的所有人。这些人物形象，绝不是在中国的土地上进行考古挖掘时常见的样子：他们高鼻深目，发型奇特。

樟门右侧的浮雕是一幅牵马图，左侧的浮雕则是一幅奉果图。图中的形象充满了中亚、西亚的艺术特色和民族风情。

▲ 虞弘墓墓葬示意图

王郭村的这座墓葬长不足14米，由墓道、甬道、墓室组成；墓室的形状为弧边方形（整体上是方形，四个角被砌成了弧形），这是北朝、隋唐时期普遍的墓葬形制。而石樟的歇山顶

▲ 虞弘墓石樟门

▲ 虞弘墓浮雕

▲ 虞弘墓浮雕上高鼻深目的人

目前仅见于隋唐墓葬,因此考古工作者初步确定墓葬的时间在隋唐前后。

通过谨慎的挖掘,考古队员终于在墓室底部发现了一块方形墓志盖,而墓志却不见踪影。把墓志盖的浮土去掉,上边写有几个字:大隋故仪同虞公墓志。由此肯定了这是一座隋墓,而它的墓主人则是一个姓虞的官员。

接下来,考古队员开始仔细清理这座汉白玉石椁。更加令人惊奇的浮雕出现了,它们雕刻于石椁椁座上,有的地方显然经过贴金处理。上面的人物无一例外,都是高鼻深目。

然而更加奇怪的是,考古队员在石椁里面并没有发现棺木。只是在石椁东西两侧散乱的随葬品中,发现一些零星的残缺人骨。考古人员认为这就是墓主人的骨架。

为了更好地研究,考古队将石椁转移到考古所。移动石椁的时候发现就在石椁原址的下面,一方相对完整的墓志静静地待在那里。它,正好与前面出土的墓志盖相匹配。

这方墓志呈正方形,长宽约为 73 厘米,除了右下角缺失外,还存有 625 个字。根据墓志记载,墓主人叫虞弘,历经北齐、北周、隋,三朝为官。考古队员在墓志中还发现了这样一段话:579 年前后,虞弘曾任统领代州、并州、介州三州的检校萨保府。从字面上理解,检校萨保府一职相当于督察,

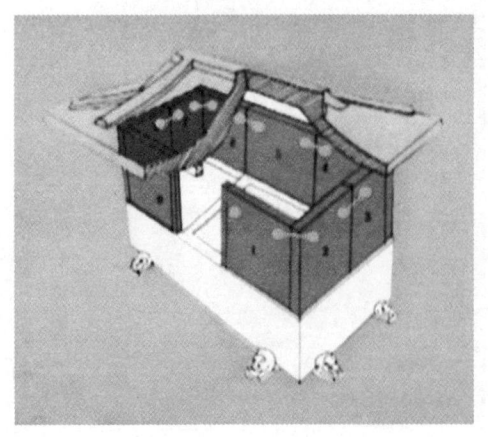

▲ 虞弘墓石椁全部由汉白玉制成

▲ 虞弘墓志盖,仪同官位

就是负责监督萨保府的工作。而萨保府是专管入华西域人事务的机构。

看来，虞弘并非中原人士，而是西域胡人。

由于职能特殊，萨保府首领——萨保的身份已非同一般，检校萨保府级别还要高于萨保，因此墓主人虞弘能够享有歇山顶式的厚葬也就不足为怪了。

萨保原是粟特胡人商队首领的称呼，应该由粟特商业贵族担任。粟特人进入中原后，形成各个聚落，萨保也就成为一个粟特聚落的大首领。后来，中央政府为了管理和控制粟特聚落，就将萨保列入中央政府，成为政府任命的一个官职。萨保在当时的政府中是唯一一个外来官职，这是很有意思的一件事。

更有趣的是，虽然"萨保"一词来自粟特语，但是在中原萨保府工作的却不仅仅是粟特人，还有焉耆人、突厥人等西域胡人。

▲ 墓志中说虞弘是鱼国人

粟特人：生活在中亚阿姆河与锡尔河一带操中古东伊朗语的古老民族。由于粟特地处中西部丝绸之路的干线上，粟特人因此成了一个独具特色的商业民族，成为中世纪东西方贸易的承担者。他们主要从中原购买丝绸，从西域运进体积小、价值高的珍宝来进行交易。

既然萨保府中有不同种族的胡人，那么虞弘到底是什么种族呢？

利用现代科学手段进行人骨鉴定，无疑是最好的答案。

墓志记载，虞弘与夫人同葬墓中。通过鉴定，这里确实有一男一女两个人的遗骨。墓主人虞弘下葬时59岁，与鉴定结果基本相同。然而虞弘的面颅骨只保留了大半个额骨、下颌骨残片等；女性，即虞弘夫人的骨骼也只剩下后脑壳那一部分，因此很难判断种族。

除了人骨，虞弘墓还出土了丰富的浮雕彩绘，随葬的浮雕彩绘所反映的

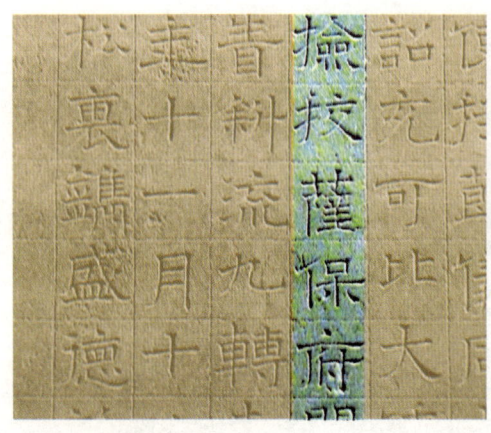
▲ 虞弘曾任检校萨保府

▲ 历史上虞弘墓多次被盗

都是墓主人生前的生活工作环境。通过分析图像人物特征，应该可以进一步做虞弘的种族鉴定的研究工作。

正对汉白玉石椁门的一块浮雕，位置居中，画幅面积最大，人物最多。它描绘的是男女两位主人在帐中欢宴、欣赏歌舞的大场面。他们的穿着打扮都不像中原汉人，应该是墓主人和他的夫人。

对比各人种的面部特征，考古学家认为，虞弘墓浮雕人物属于高加索人种，接近印度—地中海种群，这一种群主要分布于伊朗高原等地。在萨保府工作的胡人中，高加索人种的粟特人最接近这一结论。

高加索人种： 也就是白种人种，是世界上人口最多的人种，占世界总人口的54%左右。其特征是肤色浅淡，柔软波状的头发，头发颜色分为金发、红发、天然白发、棕发、黑发；眼色碧蓝、碧绿或棕色。主要分布在欧洲、西亚、非洲北部以及北美洲、大洋洲、南美洲。

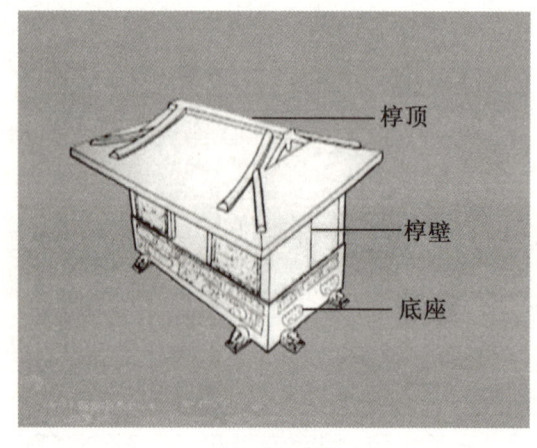
▲ 虞弘墓石椁构成

二、胡人虞弘中原为官身世传奇

考古学家发现虞弘有着复杂的经历。从北齐、北周,到隋,历经三个中原王朝,这个虞弘的能力由此可见一斑。

拥有中西方两种文化背景的虞弘,最后选择太原作为归宿之所,那么,那时的太原对于这个传奇人物来说,又具有怎样的吸引力呢?

太原古称"晋阳"或"并州"。这里向西与灵州,就是与现在的灵武相通;向南可达长安和洛阳;向北通漠北突厥;而向东则可到达河北重镇恒州和幽州。由于天然的地理优势,太原成了民族融合的大舞台。

2002年底出土于太原市王家峰的一座墓葬距离虞弘墓的出土地仅有5千米。

墓主人徐显秀,是一位北齐将军。他和夫人的画像,同样位于正对墓门的中间位置。在这个威风凛凛的出行仪仗队中,有一个人最为引人注目——他须发浓密,眼睛滚圆。而他居然出现在徐显秀的仪仗队伍中,成为这位北齐将军生活的一部分。

由此看来,北朝以来,西域文化,特别是西亚和中亚的文化已经深深影响了中国人的生活。

既然进入中原的西域胡人在萨保府领导下的聚落中生活,那么他们具体的生活形态是什么样的呢?

虞弘墓出土浮雕壁画共54幅,所绘内容多为宴饮、歌舞、骑射和狩猎。在虞弘夫妇宴饮图中,帐前有一个胡人正在表演舞蹈,那是有名的"胡腾舞"。与胡旋舞一样,胡腾舞也起源于粟特;不同的是,胡腾舞的舞者多是男子。他们只能在小圆毯上纵横腾挪,不能离席,并且还要借助一点酒力。

虞弘墓石刻的射猎图像,场面紧张激烈。射猎者骑着骆驼、马,他们盘弓拉箭,箭已离弦,射向身旁的雄狮。狮子张着血盆大口,向捕猎它的人和动物猛扑。即使浮雕上点缀了些柔弱的花鸟,整个画面仍旧令人感觉紧张激烈。

这样的场面让人联想起波斯帝国时期的浮雕壁画等艺术品。在这些艺术

▲ 出土于太原地区的胡人骑马文物

品中，狩猎者或徒手搏狮，或骑马猎狮，场面均异常激烈。

虞弘墓浮雕中，除了这些显著的波斯风格，还有一些是我们不常见的场面和艺术特色。

浮雕中狩猎者的弓上都没有箭，即使弓弦扯紧，引弦待发，也不见箭，然而总能使人感到箭在弦上的紧张气氛。这些表现手法，迄今所见甚少。

而这些牛狮搏斗、犬狮搏斗，甚至骆驼与狮子互相撕咬的场面，即使在中亚、西亚或者波斯的艺术品中也是罕见的，其本身似乎也是超越日常生活的场景。

更加令人奇怪的是，虞弘墓壁画中，许多人物都被刻上了头光。按道理来讲，一般表示神才有头光，不论印度还是伊朗都有这样的传统。可是虞弘墓很奇怪，有些我们看作神的，并没有头光，而有些普通人却有。所以研究粟特美术史的马尔萨克先生认为这是中国工匠所造，他们不了解粟特的情况。

就在学者们疑惑不解时，2000年5月，又一个和虞弘墓有相似文化特征的安伽古墓在西安被发现。安伽墓出土了一方完好的墓志，上面写着墓主人安伽是姑臧昌松人，也就是现在的甘肃省武威市人。安是九大粟特城邦国家之一的安国人进入中原后的姓氏；而武威是粟特人在中原最大的聚居地之一，这说明安伽就是粟特人。

巧合的是，粟特人安伽也曾任陕西同州萨保。579年，也就是虞弘被任命为太原等三个地区的检校萨保府

▲ 头戴日月冠的浮雕人物

时，安伽死于陕西家中。14 年后，虞弘也在太原过世。

1999 年、2000 年，中国先后出土了两个西域胡人的墓葬，困扰学者们多年的丝路文物遗存的问题一下子有了具体的实证。北朝、隋唐时期，虞弘等西域胡人在粟特聚落中的生活画卷，即将异常清晰地被学者们翻开。

三、展开千年前中原胡人的生活画卷

随着隋朝虞弘古墓的出土，它神秘的粟特和波斯文化色彩令人疑问丛生。

2000 年，北周粟特萨保——安伽的古墓被陕西省考古工作者发现。两座墓葬相辅相成，这样北朝、隋唐时期西域胡人的生活状况，即将展现在我们面前。

和虞弘墓一样，安伽墓围屏石榻中间，也是一幅男女主人宴饮图。而且这两个人在其他画面上也曾出现，特别是男主人，每个画面都有，装束一样。他们应该就是安伽夫妇。安伽头戴粟特人特有的帽子——虚帽，身穿圆领窄袖长袍。夫人则盘发，身穿圆领束胸长裙。

安伽墓 12 块浮雕中，竟有 4 块是粟特与突厥之间的交往图；有 7 块是宴饮歌舞图。安伽墓浮雕也有两个狩猎场景。

不过，一眼看去，就能感到它与虞弘墓的不同。图中人物全都骑在马背上，或追赶野猪，或射杀羚羊，或猎鹿，或打兔，而且周边刻上花木山石，写实地交代出狩猎环境。

骑射狩猎的特长不但供他们享乐，还为他们提供了经商以外的又一个职业——从军。突厥军队中有很多粟特人，唐王朝抗击契丹等蕃族的主

▲ 契丹文字铜镜

要力量也是粟特军。

如今通过这些面孔，我们可以触摸到他们的生活，而且，安伽墓也再次验证了，虞弘墓浮雕虽然有难以解释的神秘色彩，但确实也是他们当时生活的艺术化再现。

粟特人东奔西走、外出行商，在远离家乡的土地上建立聚落，除了这些丰富多彩的世俗生活，他们靠什么维系内部的团结呢？他们又有怎样的精神信仰呢？

在虞弘墓和安伽墓中，学者们发现两幅几乎完全相同的神奇图像。一幅，位于安伽墓墓门的门楣上方；另一幅，位于虞弘墓石椁前壁的正中间。画面内容是典型的祆教图案：两个半人半鸟的神，护卫一个火坛。这样一个形式可以称为"圣火祆神"的图像，这个图像表现了对于圣火的崇拜和歌颂。

> **祆教**：基督教诞生之前中东最有影响的宗教，古代波斯帝国的国教。祆教的出现，对后来的犹太教、基督教、伊斯兰教都有着深远的影响。在今天伊朗和印度孟买一带的帕西人中仍有较大的影响，被称为"世界第五大宗教"。

祆教，对于多数现代中国人来说是个陌生的概念。大概3世纪以后，粟特人逐渐进入中原，把他们信仰的祆教也带进了中国。但粟特人的祆教与波斯本土的祆教有一点不同，它已经是一种比较民俗化了的宗教。

那么在中国粟特聚落内部，已经民俗化的祆教仪式是什么样的呢？安伽墓浮雕给了我们答案。

他们拜祭的火坛相当精致。祭祀过程中，主持仪式的祭司必须戴上口罩，以防人体气息的不洁污染了圣火的纯洁。供桌上摆放着祆教徒认为可以通神的各种植物，有的用作火坛的燃料；瓶中插的用来榨汁，以供祆教徒们饮用。

通过这些浮雕，我们能够清晰地感受到这样一个事实：包括安伽、虞弘在内的祆教徒们，即便来到万里之遥的中原，仍旧保持了自己虔诚的宗教信仰。即使死后，他们也要将对圣火的崇拜和敬畏带入墓中。

虔诚的宗教信仰甚至使粟特聚落内部产生了足以影响历史进程的凝聚力。755年，许久不闻干戈的大唐遭遇了由粟特人安禄山和史思明发动的安史之乱。泱泱盛唐气派从此竟成历史烟云。安禄山，中国历史上最著名的粟特人之一，兵变时官至范阳节度使，独霸河北。安禄山能号令别人一起举兵的原因复杂，但是有一点不容置疑，兵变中，安禄山倚重的将领和兵士多数是粟特聚落中的胡人。宗教信仰是安禄山登高一呼士卒百万的因素之一。

根据敦煌文书以及典籍记载，在中国，每一个粟特聚落中，都会有一个祆庙，每个祆庙中，也都供奉着这些祆神的画像或者塑像。如今，中国各地的祆庙早已荡然无存。不过，虞弘墓和安伽墓的出土，却丰富了我国祆教的历史遗存。

既然祆教出现于出土墓葬中，那么祆教徒的丧葬形式是否也和祆教有关呢？让我们先来认识一下粟特本土的丧葬习俗。

粟特本土的葬俗跟中国的丧葬形式完全不一样。人去世以后专门有处理尸体的人，把尸体放在一个有围墙的院子里，让狗来吃掉。有时候则用火烧，或者是处理以后，放在瓮棺里面埋起来，这种盛放人骨的器具被称为"盛骨瓮"。

那么进入中国的祆教徒们，他们的丧葬形式也是这样吗？安伽的骨头，比较凌乱地放置在甬道里。有的骨头上有明显的火烧的痕迹。发掘中可以看到，两层封门砖里，石门、石门外的石狮子，包括墓室，都有比较明显的火烧的痕迹。

用火烧，这种形式很容易让人想起他们的宗教信仰。不过，北朝粟特人已经不再是用盛骨瓮草草埋掉了事了，他们按照汉人的模式挖掘墓室，有天井、甬道、墓门等，然后在墓室中举行祭火仪式，将遗体焚烧，再整理碎骨，放在墓中。

十几年后，到了隋朝，虞弘时期的墓制形式又有了发展。

盛唐以后，与中原汉族通婚的胡人，他们的墓葬方式与汉人基本没有区别。随着时间的推移，进入中原的胡人的丧葬形式逐步汉化。而进入中原的祆教也在不断民俗化，虞弘和安伽的子孙也渐渐融入中国民间。

从魏晋南北朝开始，粟特人就不停地在丝绸之路上奔波，而柿子、麝香、胡椒、樟脑、大麻等今日我们耳熟能详的东西，最初也是粟特人千里迢迢从家乡带来的特产。这些商品进入中国后，就像粟特人将中国丝绸带入西方一样，被上流社会竞相追逐。

粟特商人积累了大量财富，随后在中国形成聚落并充分享受着丝路贸易带给他们的巨大利润。

大唐高僧玄奘西行取经路过粟特地区，他看到的粟特习俗是这样的"虽富巨万，服食粗弊……父子较利"。即使腰缠万贯，粟特人的生活仍旧粗劣不堪。可进入中原后，北朝时期，他们的生活就已经是另一番景致了。即使经过兵乱，西域胡人对中国文明的依恋也没有减弱。

在《资治通鉴》里有这样一段话描绘了胡人与中原社会的全面融合：盛唐时期，外国驻中国使节的饮食住宿由盛唐政府全权负责。安史之乱后，大唐政府无力承受这样沉重的负担，宰相李泌命他们选择，或保持原国籍，那就得早日回国；或者放弃他们的身份，成为大唐国民。

结果，这些外籍人全部加入了中国国籍。

楼兰,曾是丝绸之路上一个神秘的文明古国。当国家消失以后,楼兰人是否随着家园一起迷失在历史的尘烟之中?散落于浩瀚历史烟海之中的点滴记载,遗存在大漠荒野之中的古城遗址,不知能否帮助我们找到答案?

▲ 探询楼兰后人

楼兰后人

一、楼兰变鄯善

100多年前,瑞典探险家斯文赫定发现了位于我国罗布泊的楼兰古城遗迹,楼兰从此成为世界瞩目的焦点。帮助探险家发现楼兰遗迹的是当地的两位向导阿布都热依木和奥尔德克。

2世纪,楼兰国出现在罗布泊边,到4世纪,这个丝绸之路上的文明古国突然神秘地消失了。当国家衰败,家园荒芜后,楼兰的子民们又在何处延续着血脉呢?

斯文赫定:瑞典籍世界著名探险家。他从16岁起开始了职业探险生涯,曾三次进入中亚的高山和沙漠中探险,研究了中国的新疆和西藏的部分地区,并绘制了地图。因为发现楼兰古城,和填补地图上西藏的大片空白而名满天下。在他的故乡瑞典,他甚至与诺贝尔齐名。

远祖之谜

罗布泊： 位于新疆维吾尔自治区东南部，20世纪初斯文赫定首次进入罗布泊后，逐渐为人所知，曾是我国第二大内陆湖。20世纪中后期因塔里木河流量减少而迅速退化，至70年代末完全干涸。著名科学家彭加木于1980年6月18日在罗布泊走失，成为一大谜题。

▲ 当年发现楼兰遗址的两位向导肖像的复制品，左为奥尔德克，右为阿布都热依木

孔雀河： 又称饮马河，因东汉班超饮马于此而得名。孔雀河是罕见的无支流水系，唯一源头来自博斯腾湖，终点为罗布泊。20世纪90年代，随着塔里木石油的勘探开发，库尔勒市投资6.5亿元着手建设孔雀河风景旅游带，陆续建成了孔雀公园、梨香园等4座大型公园及7个风格迥异的沿河景点。

2005年10月，中央电视台《历程》栏目摄制组和专家共同组成考察队进行历史调查和实地寻访，试图寻找楼兰后人的去向。

在罗布泊边的一个小村子里，考察队找到了当年为斯文赫定当向导的阿布都热依木的后人叶赫亚阿济，他至今还保留着当年斯文赫定手绘的两个向导的肖像复制品。通过他的叙述，人们能够感受到那个沙漠国度的神秘与苍凉。

《汉书》记载，鄯善国，本名楼兰。也就是说，楼兰国消失后，楼兰仍以鄯善这个名字继续存在着。鄯善国位于今天罗布泊的西南部，但在5世纪也毁于战火，迁居到鄯善一带的楼兰人再一次失去了踪影。

好在今天的吐鲁番地区有一片大约从4世纪延续到8世纪的阿斯塔纳古墓群，从墓志和发掘出土的文书来看，墓主人基本上都是汉人。但其中有些则写着姓鄯的，这说明有的墓主人姓鄯。这就如同当时中亚的米国、石国、康国、安国等国的居民进入中原后，他们都以自己原来的国名作为家族的姓氏。这个墓地出土的鄯氏文书，说明曾经有鄯善国人来到这里繁衍生息。楼兰人的踪影似乎又有了线索。

曾经美丽得让人窒息的孔雀河是楼兰古国的生命之河，然而，今天的孔雀河已经干涸。在当年"不破楼兰终不还"的汉大军进逼之下，楼兰

▲ 从考察车队穿越库鲁克塔格山的情况，可想而知当年楼兰人迁徙途中的艰难

国已不复存在。加上生命之水日渐枯竭，楼兰人已经无法在故土继续生活下去。可以说楼兰子民走出了罗布洼地后，一定有人踏上了前往适于生存的吐鲁番盆地之路。

当年，从楼兰到吐鲁番有两条路，一条是从楼兰古国北面穿越库鲁克塔格山，即可到达。这条路途环境十分恶劣，但它路程比较短，沿途有3眼淡水泉水可供人饮用，还有一些盐碱滩有水可供骆驼等牲畜饮用，人也可以带水。还有一条是沿着孔雀河通往库尔勒，经过焉耆盆地到达吐鲁番，这条路沿途环境比较好，但距离较远。

楼兰人在这次迁徙行动中一定是扶老携幼，拖儿带女，那么，他们究竟是沿着哪条路线穿越无人地带，完成这次迁徙壮举的呢？

二、墨山国之路

在罗布洼地和吐鲁番盆地之间，曾经有一座营盘古城坐落在孔雀河北岸，它曾是一条神秘通道的起点，从那条通道可以较快地穿越无人地带进入吐鲁

> **营盘古城**：丝绸之路北道的必经之地，背靠库鲁克山，面对塔克拉玛干大沙漠，东接龙城雅丹奇观，西连塔里木绿色走廊，被历史学家称为"第二楼兰"。古城分为4部分，分别是城郭、大佛塔、烽火台和营盘古墓地。

番。可是，楼兰人走的是不是这条通道呢？

考察队决定沿孔雀河前行寻找营盘古城。由于对道路很不熟悉，沿途不得不边走边打听。一位维吾尔族老乡介绍，从这里到营盘大概有100多千米，这段路难走得要命。

前往营盘的道路的确非常难走，道路两侧都是一望无际的荒漠与戈壁。当考察队到达营盘古城时，意外发现这个城市遗址的形状竟然是圆形的。据文献记载，这个地区从汉朝到魏晋时期存在着一个墨山国。今天有专家认为这个圆形古城就是当年墨山国的国都。但也有学者对此表示异议，认为它只是墨山国的一个重镇。不管结论如何，一个不可改变的事实是名不见经传的墨山国曾经把罗布洼地和吐鲁番盆地这两个地理单元间的民族紧密地联系起来。只是到了北朝以后，由于孔雀河改道，这里逐渐衰废，墨山国的影子才随之从汉文史料中消失了。今天，这条经过墨山国故城沟通罗布洼地和吐鲁番盆地的要道，被人们称为"墨山国之路"。

在营盘古城的北面有一片连绵不绝的山脉，名字叫"库鲁克塔格山"，从那里穿过库鲁克塔格山就能够直插到吐鲁番盆地。库鲁克塔格山山脉东西走向，几乎横亘在整个罗布泊地区的北岸，如同一道漫漫屏障，抵御着荒漠向南扩张。当年鄯善移民的一部分可能就是从这里穿越库鲁克塔格山到达吐鲁番盆地的。

车子驶入库鲁克塔格山，只见道路两旁大多怪石嶙峋，极度荒凉。如果当年楼兰人穿越这里，

▲ 墨山国遗址

不知会遇到多少艰险。

快走出山谷时，考察队不经意间发现前方有一片房屋，究竟是谁生活在这大漠之中呢？原来，最近几年在这片荒芜地带发现了储量丰富的稀有矿产，因此，这里渐渐成为运输矿石的车辆歇脚维修的场所。为了生存，当年楼兰人离开这里远去，同样为了生存，今天人们又从远处移民来到这里，使原本无人的地带有了些许的喧嚣，这是一个多么有趣的现象。在周围空气中飘散着的麻辣香味引导下，考察队居然在这里发现了一家川菜餐馆，餐馆老板热情地告诉我们：这条路上现在走的都是一些拉矿石的人。从这里出去几十千米就到迪坎尔村，迪坎尔村是走出戈壁沙漠后遇到的第一个村子，也是横穿库鲁克塔格山的出口。

离开这个山谷中的小店，车队又行驶了大约50千米，穿越库鲁克塔格山到达迪坎尔村。

迪坎尔村是吐鲁番盆地距离罗布泊最近的村庄，从这里再往北不远就进入吐鲁番盆地了。今天，迪坎尔村的居民全部是维吾尔族人。现在村里还有一位老乡经常为人做向导，仅去年他就通过这条墨山国之路四进四出罗布洼地。他说，去罗布泊的路上很危险，岔路太多又很不好走，迷路了就会死在里面，因此他也害怕。看来当年发现楼兰遗址的两位向导也一定很不容易。

无论如何，从距离上来说，墨山国之路是从罗布泊进入吐鲁番最近的一条道路，楼兰人没有理由放弃这样一条理想的通道。那么这些楼兰移民来到吐鲁番后又落脚在哪里呢？

三、鄯善人在高昌

5世纪，一个名叫沮渠安周的人在吐鲁番建立了北凉政权，政权的中心就在如今的高昌古城。那么，当年鄯善国的楼兰后人会不会就居住在这里呢？

专家推测，应当会有一些特别有才能的人留在了这里，就像当年北魏从

▲ 遍布佛教寺院的高昌古城遗址

北凉掠走3万有才干的人到大同，今天的大同才留下那么多的佛教石窟。所以，沮渠安周也会把从鄯善国移民来的一些能工巧匠留在都城附近。今天，高昌古城遗址依然保留着一些宏大的佛寺建筑，据说唐朝高僧玄奘曾在这里设坛讲经。楼兰人信仰佛教，在更名为"鄯善国"后依然保持着这个传统，因此，善于建造佛寺的鄯善人似乎会居住在高昌这个遍布佛教寺院的千年古城之中。然而，这种猜测目前还没有得到证实。

四、鄯善人在伊吾

不过，据记载，鄯善人来到吐鲁番之后，其中有一部分人继续向东迁徙，前往今天的哈密一带。今天，那里会不会有楼兰人可能留下的痕迹呢？

▲ 纳职古城遗址

在哈密附近一个叫白杨沟的地方，有一片规模很大的佛教寺院群遗址。当年这里为什么会有这么多寺院？这些寺院又可能传达出怎样的信息呢？历史上这里是丝绸之路的要咽，居住在这里的人们信奉佛教。专家推测，5世纪初期，一部分鄯善国人来到这里居住，随着人口的增加，自然带来更大规模的修寺、开窟、造像等佛教活动，所以才有残存至今的丰富辉煌的佛教遗迹。不过，这种推测虽然有一定道理，但仍然没有史料的支持。

在距离佛寺遗址不远的一个村子里有一座纳职古城，来到哈密的那些鄯善人就生活在这里。据《新唐书》《旧唐书》和《元和郡县地理图志》记载，贞观四年，朝廷在这里设纳职县，

> **突厥：** 古代突厥是中亚、北亚一带的游牧民族，本是匈奴的一支。在其强盛时期，对当时世界上的三大文明巅峰——汉、波斯和罗马都造成极大的威胁。突厥被隋朝分裂以后，成为东西突厥两部，大体以阿尔泰山脉为界。

有鄯善胡人也就是鄯善国的移民来到这里筑城定居。纳职不是伊吾地区的古地名，据法国学者伯西何研究认为，纳职可能是来自鄯善国的一个地名，叫"弩支"。唐光启元年（885）成书的《沙洲伊州地质残卷》记载：唐朝初年，有个土人名叫鄯伏陀，因为无法忍受东突厥控制之下的苛捐杂税，率领居住在城里的一部分人逃往沙漠。这个姓鄯的人应该是鄯善国移民的后代。6世纪后，鄯善人的名字再也没有在文献中出现。

至此似乎已经无法继续追寻来到哈密的鄯善人的下落。

五、鄯善人在鄯善县

正当山穷水尽之时，考察队又意外得到这样一条线索：当年来到吐鲁番盆地的鄯善国移民还有一支生活在今天鄯善县一个叫"蒲昌"的地方。

当年，楼兰人曾把烟波浩渺的罗布泊称为"蒲昌海"，那么在吐鲁番盆地中的这个"蒲昌城"和当年的"蒲昌海"有什么联系吗？

令我们感到惊奇的是，至今还有争议的蒲昌城遗址也坐落在吐鲁番地区的鄯善县境内。据当地文物工作者介绍，至今鄯善县境内还保留着手工制陶等一些非常古老的传统。专家曾试图从这种古老的制陶工艺和陶器的形状，发现与古楼兰时期陶器相联系的蛛丝马迹，但这种努力最终并无结果。一种可能是那些来到这里居住的鄯善国人之所以把这个地方叫作"蒲昌"，不过是以此寄托对故乡的怀念罢了。

▲ 沙漠俯视下的鄯善县城

▲ 在今天的吐鲁番居民中，也许会有楼兰的后人

　　那么，今天的"鄯善县"和当年的"鄯善国"会不会有什么关系呢？据史料记载，清光绪二十八年（1902）才将这里设为"鄯善县"，也就是说，从时间上分析，"鄯善县"和当年的"鄯善国"之间也许并没有什么联系。

　　不过，如果仔细观察，就会发现这里和当年鄯善国的生存环境何其相似，两地都在大沙漠的边缘。鄯善县城也许是今天我国距离沙漠最近的一座城市了，库姆塔格沙漠零距离俯视着它，然而，千百年来这座城市不曾被沙漠吞噬。当这些楼兰后人来到鄯善和哈密一带定居，可能是出于对故乡的怀念，便世世代代保留着故乡的名字，似乎想以此证明那个曾经灿烂一时的楼兰古国并没有消失，它的生命依然在延续。

　　如今，有些专家还试图通过人种学和基因学的手段在吐鲁番境内寻找楼兰人的后裔。然而，这是一项浩大漫长的工程，加上吐鲁番盆地人口流动频繁，各民族融汇交流，经过千百年无数代人的血缘更替，要寻找到纯血统的楼兰人后裔，其可能性似乎极其微小。但我们依然相信，在这些熙来攘往的面孔中，或许会有楼兰人的后裔，也许他们依然延续着楼兰人的血脉。

　　曾经辉煌的楼兰古国已经消失，只留下备受世人瞩目的遗址。